四特 教育系列丛书 SITEJIAOYUXILIECONGSHU

高效学习有办法

《"四特"教育系列丛书》编委会　编著

吉林出版集团股份有限公司
全国百佳图书出版单位

图书在版编目（CIP）数据

高效学习有办法／《"四特"教育系列丛书》编委会编著.
—长春：吉林出版集团股份有限公司，2012.4
（"四特"教育系列丛书／庄文中等主编.爱学习，爱
科学）
ISBN 978-7-5463-8693-5

Ⅰ.①高… Ⅱ.①四… Ⅲ.①中小学生－学习方法
Ⅳ.① G632.46

中国版本图书馆 CIP 数据核字（2012）第 044009 号

高效学习有办法
GAOXIAO XUEXI YOU BANFA

出 版 人	吴 强	
责任编辑	朱子玉　杨 帆	
开　　本	690mm×960mm　1/16	
字　　数	250 千字	
印　　张	13	
版　　次	2012 年 4 月第 1 版	
印　　次	2023 年 2 月第 3 次印刷	

出　　版	吉林出版集团股份有限公司
发　　行	吉林音像出版社有限责任公司
地　　址	长春市南关区福祉大路 5788 号
电　　话	0431-81629667
印　　刷	三河市燕春印务有限公司

ISBN 978-7-5463-8693-5　　　　　定价：39.80 元

前　言

　　学校教育是个人一生中所受教育最重要的组成部分，个人在学校里接受计划性的指导，系统地学习文化知识、社会规范、道德准则和价值观念。学校教育从某种意义上讲，决定着个人社会化的水平和性质，是个体社会化的重要基地。知识经济时代要求社会尊师重教，学校教育越来越受重视，在社会中起到举足轻重的作用。

　　"四特教育系列丛书"以"特定对象、特别对待、特殊方法、特例分析"为宗旨，立足学校教育与管理，理论结合实践，集多位教育界专家、学者以及一线校长、教师的教育成果与经验于一体，围绕困扰学校、领导、教师、学生的教育难题，集思广益，多方借鉴，力求全面彻底解决。

　　本辑为"四特教育系列丛书"之《爱学习，爱科学》。

　　古今中外，许多成功人士都重视和强调学习方法的重要性。伟大的生物学家达尔文就曾说过："一切知识中最有价值的是关于方法的知识。"著名的科学家爱因斯坦的成功方程式则是"成功＝艰苦的劳动＋正确的方法＋少说空话"。这也是爱因斯坦对其一生治学和科学探索的总结。我们不难看出正确的方法在成功诸因素中具有多么重要的位置。联合国教科文组织教育发展委员会在《学会生存》一书中指出："未来的文盲不再是不识字的人，而是没有学会怎样学习的人。"也就是说，未来的文盲不是"知识盲"，而是"方法盲"。所以，在教学中对学生进行正确学习方法教育极其重要性。本书包括提高智力的方法以及各种学习方法和各科学习方法等内容，具有很强的系统性、实用性、实践性和指导性。但要说明的是："学习有法，但无定法，贵在得法"。教师在教学中要注意因材施教，注意学生的个体差异，进而施以不同的方法教育，这样才能让学生掌握最适合自己的学习方法和学习的金钥匙，从而终身受用。

　　科学是人类进步的第一推动力，而科学知识的普及则是实现这一推动的必由之路。在新的时代，社会的进步、科技的发展、人们生活水平的不断提高，为我们青少年的科普教育提供了新的契机。抓住这个契机，大力普及科学知识，传播科学精神，提高青少年的科学素质，是我们全社会的重要课题。科学教育，是提高青少年素质的重要因素，是现代教育的核心，这不仅能使青少年获得生活和未来所需的知识与技能，更重要的是能使青少年获得科学思想、科学精神、科学态度及科学方法的熏陶和培养。

　　本辑共20分册，具体内容如下：

　　1.《智能提高有办法》

　　智能提高可能性，与遗传基因和后天因素息息相关。遗传因素我们无法改变，能够改变的就是尽量利用后天因素。本书针对学生如何提高学习智能进行了系统而深入的分析和探讨，并给予了切实的指导，对中小学生颇有启发意义，具有很强的系统性、实用性、实践性和指导性。

　　2.《高效学习有办法》

　　高效学习法是一种寓教于乐的教育方式和高效学习训练系统。它从阅读、记忆、速算、书写这四个方面入手，提高孩子的"速商"让孩子读得快，学得快，算得快，记得快，迅速提高学习成绩。本书针对学生如何提高学习效率进行了系统而深入的分析和探讨，并给予了切实的指导，对中小学生颇有启发意义，具有很强的系统性、实用性、实践性和指导性。

3.《提高记忆有办法》

人的大脑机能几乎都以记忆力为基础，只有记忆力好，学习、想象、创意、审美等能力才能顺利发展。那么如何才能记得更多、记得更牢、更有效地提高记忆力呢？本书针对学生如何提高记忆力进行了系统而深入的分析和探讨，并给予了切实的指导，对中小学生颇有启发意义，具有很强的系统性、实用性、实践性和指导性。

4.《阅读训练有办法》

本书以语境语感训练为主要教学法，以日常生活中必读的各种文体、范文讲解及阅读材料的补充为内容，从快速阅读入手，帮助学习者提高汉语阅读水平。学生在学习的过程中，根据实际情况选用适应的学习方法，定能收到事半功倍的效果。

5.《轻松作文有办法》

写作是汉语的重要组成部分，在汉语中有举足轻重的地位。人们抒发感情需要写作，总结经验教训需要写作，记叙事件需要写作……总之，无论学习、工作、生活都离不开写作。本书针对学生如何提高写作能力进行了系统而深入的分析和探讨，并给予了切实的指导，对中小学生颇有启发意义，具有很强的系统性、实用性、实践性和指导性。

6.《课堂学习有办法》

课堂听课是学生在校学习的基本形式，学生在校学习的大部分时间是在听课中度过的。听课之所以重要，是因为大部分知识都得通过教师的课堂授课来获取。要想学习好，首先必须学会听课。本书针对学生如何提高课堂学习能力进行了系统而深入的分析和探讨，并给予了切实的指导，对中小学生颇有启发意义，具有很强的系统性、实用性、实践性和指导性。

7.《自主学习有办法》

自主学习是与传统的接受学习相对应的一种现代化学习方式。以学生作为学习的主体，通过学生独立的分析、探索、实践、质疑、创造等方法来实现学习目标。本书针对学生如何提高自主学习能力进行了系统而深入的分析和探讨，并给予了切实的指导，对中小学生颇有启发意义，具有很强的系统性、实用性、实践性和指导性。

8.《应对考试有办法》

考试主要有两种目的：一是检测考试者对某方面知识或技能的掌握程度；二是检验考试者是否已经具备获得某种资格的基本能力。如何有效地准备考试，可分成考试前、考试中、考试后三个部分做说明。本书针对学生如何应对考试进行了系统而深入的分析和探讨，并给予了切实的指导，对中小学生颇有启发意义，具有很强的系统性、实用性、实践性和指导性。

9.《文科学习有办法》

综合文科的学习旨在帮助学生学会学习，学会分析研究人与自然、人与社会、人与自身关系中的现实问题，学会探讨解决问题的方法，帮助学生树立终身学习的观念。在这个过程中不断培养学生的实践能力、创新意识和创造力。本书针对学生如何提高文科学习能力进行了系统而深入的分析和探讨，并给予了切实的指导，对中小学生颇有启发意义，具有很强的系统性、实用性、实践性和指导性。

10.《理科学习有办法》

理科学习要形成良好的学习习惯和有效的学习方法。总的来说，科学的学习方法可用如下歌谣来概括：课前要预习，听课易入脑；温故才知新，歧义见分晓；自学新内容，要把重点找；问题列出来，听课有目标；听课要专心，努力排干扰；扼要做笔记，动脑多思考；课后须复习，回忆第一条；看书要深思，消化细咀嚼。本书针对学生如何提高理科学习能力进行了系统而深入的分析和探讨，并给予了切实的指导，对中小学生颇有启发意义，具有很强的系统性、实用性、实践性和指导性。

11.《组织阅读科学故事》

在我们生活的各个角落，疑问几乎无处不在，而这些疑问往往能激发孩子们珍贵的求知欲，它能引领孩子们正确地认识和了解世界，并进一步地探知世界的奥秘，是早期教育最为关键的环节。为了让孩子们更好地把握时代的脉搏，做知识的文人，我们特地编写了这本书，该书真正迎合了青少年的心理，内容涵盖广泛，情节生动鲜活，能在无形中解开孩子们心中的疑团，并且本书生动有趣，是青少年课外读物中的佳作。

12.《培养科学幻想思维》

幻想思维是指与某种愿望相结合并且指向未来的一种想象，由于幻想在人们的创造活动中起着重要作用，在发明创造活动中应鼓励人们对事物进行各种各样的幻想。幻想思维可以使人们的思想开阔、思维奔放，因此它在创造中的作用是显而易见的。本书针对学校如何培养学生的幻想思维进行了系统而深入的分析和探讨，并给予了切实的指导，对中小学生颇有启发意义，具有很强的系统性、实用性、实践性和指导性。

13.《培养科学兴趣爱好》

怎样让学生对科学产生兴趣？很多教师都想得到这个问题的答案。想学好科学，兴趣很关键。其实，生活中的许多小细节都蕴涵着丰富的科学知识，大家完全可以因地制宜，为学生创造良好的环境，尽量给学生提供不同的机会接触各种活动。本书针对学校如何培养学生的科学兴趣爱好进行了系统而深入的分析和探讨，并给予了切实的指导，对中小学生颇有启发意义，具有很强的系统性、实用性、实践性和指导性。

14.《培养学习发明创造》

发明创造是科学技术繁荣昌盛的标志和民族进取精神的体现。有学者预言，21世纪将是一个创造的世纪，而迎接这个创造世纪的主人，正是在校学习的孩子们。因此，对青少年进行发明创造教育，就显得极其重要了。心理学家研究表明，青少年的好奇心正是他们探索世界、改造世界、产生创造欲望的心理基础。通过开展青少年发明创造活动，鼓励青少年去发现新问题、提出新设想、实现新目标，是培养他们的创新精神、提高他们的创造力的最好途径。

15.《培养科学发现能力》

阿基米德在洗澡时发现了阿基米德定律，牛顿看到苹果落地，产生了有关万有引力定律的灵感。在科学史上，这样的事例还有很多，它证明科学并不神秘，真理并不遥远，只要我们能见微知著，善于发问，并不断探索，那么，当你解答了若干个问题之后，就能发现真理。本书针对学校如何培养学生的科学发现能力进行了系统而深入的分析和探讨，并给予了切实的指导，对中小学生颇有启发意义，具有很强的系统性、实用性、实践性和指导性。

16.《组织实验制作发明》

科学并不神秘，更没有什么决定科学力量的"魔法石"，科学的本质在于好奇心和造福人类的理想驱使下的探索和创新。自然喜欢保守她的奥秘，往往不直接回应我们的追问，但只要善于思考、勤于动手、大胆假设、小心求证，每个人都能像科学大师一样——用永无止境的探索创新来开创人类的文明。本书针对学校如何组织学生实验制作发明进行了系统而深入的分析和探讨，并给予了切实的指导，对中小学生颇有启发意义，具有很强的系统性、实用性、实践性和指导性。

17.《组织参观科普场馆》

本书集中介绍了全国多家专题性科普场馆。这些场馆涉及天文、地质、地震、农业、生物、造船、汽车、交通、邮政、电信、风电、环保、公安、银行、纺织服饰、中医药等多个行业和学科领域。本书再现了科普场馆的精彩场景，科普场馆的基本概况、精彩展项、地理位置、开放时间、联系方式等多板块、多角度信息，全面展示了科普场馆的风采，吸引读者走进科普场馆一探究竟。本书是一本科普读物，更是一本参观游览的实用指南。通过本书的介绍能让更多的观众走进科普场馆。

18.《组织探索科学奥秘》

作为智慧生物的人类自诞生之日起就开始了漫长的探索进程，人类的发展史就是一部探索科学、利用科学史。镭的发现，为人类探索原子世界的奥秘打开了大门。万有引力的发现，使人们对天体的运动不再感到神秘。进化论的提出，让人类知道了自身的来历……探索让人类了解生命的起源秘密，探索让人类掌握战胜自然的能力，探索让人类不断进步，探索让人类完善自己。尽管宇宙无垠、奥秘无穷，但人类却从未停下探索的步伐，因为人类明白：科学无终点，探索无穷期。

19.《组织体验科技生活》

科技总是不断在进步着，并且改变着我们的生活，让我们的生活变得更加多彩。学校科学技术普及的目的是使广大青年学生了解科学技术的发展，掌握必要的知识、技能，培养他们对科学技术的兴趣和爱好，增强他们的创新精神和实践能力，引导他们树立科学思想、科学态度，帮助他们逐步形成科学的世界观和方法论。本书针对学校如何组织学生体验科技生活进行了系统而深入的分析和探讨，并给予了切实的指导，对中小学生颇有启发意义，具有很强的系统性、实用性、实践性和指导性。

20.《组织科技教学创新》

现在社会提倡素质教育，科学素质是素质教育的重要组成部分，学生科学素质培养的核心是培养学生的创新精神和创新能力，创新能力的培养、开发应从幼儿开始，在长期的教学、训练过程中逐步形成和发展。小学科技教学，在培养学生创新精神和创新能力中，起着举足轻重的作用。帮助学生树立新的观念，主动地、富有兴趣地学习新的科学知识，去观察、探索、实验现实生活乃至自然界的问题，在课内外展开研究性的教学活动，是行之有效的科技教学方式。但是，科技活动辅导任重而道远，这就要求科技课教师不断探索辅导方法，不断提高辅导水平，为全面推进素质教育、实施科教兴国战略奠定坚实的人才和知识基础。

由于时间、经验的关系，本书在编写等方面必定存在不足和错误之处，衷心希望各界读者、一线教师及教育界人士批评指正。

作者

目 录

第一章

学生提高学习效率理论指导

1. 学生提高学习效率的意义

根据教学大纲规定，一个学生在中学期间上课的总数有两万多节。如果把每节课45分钟累积起来，那将是多么惊人的数字啊！

学习成绩的优劣固然涉及多种因素，但如何对待每一堂课则是关键。要取得较好的成绩，首先就必须充分利用课堂上的每一分钟来提高听课效率。

每节课45分钟，对所有学生来说都是公平的。同在一个班里学，由相同的老师教，而有的同学成绩却不理想，重要的原因之一是不能充分利用45分钟，课堂学习效率低，学习方法有问题。

为了搞好学习，应把握好课堂学习的规律和特点，努力提高课堂学习效率。提高课堂学习效率意义重大，主要体现在以下两个方面。

能够有效利用时间

提高课堂学习效率，意味着有效地利用时间。在校学习的时间80%都安排在课堂上，从课堂学习所处的时间段看，是早饭以后的整个上午和下午3点前后。这些时间段是学生脑功能最活跃的时间，学生注意力最集中，学习效果最好。

因此，必须有效地利用这些黄金时间段，因为轻视课堂学习，就是在浪费青春，浪费生命！有不少人年少时不努力学习，参加工作后又深感自己的知识不够用，以致追悔莫及。故有"少壮不努力，老大徒伤悲"的古训流传至今。

有利于磨炼意志

搞好课堂学习，注意力必须持久地集中，脑功能必须持久地活动。若因某件不愉快的事而分心，或因休息不充分而有所困倦，都会分散注意力，影响脑功能的活动，从而影响学习效率的提高。因此，提高课堂学习效率必须时时注意磨炼意志，用坚韧不拔的毅力去战胜惰性。

提高课堂学习效率，并非一朝一夕之事，须几经岁月，几经春秋。只要坚持下去，日久天长，良好的学习习惯便能逐步形成。良好的学习习惯对学生来讲十分重要，它是使人终身受益的宝贵财富。

2. 学生提高学习效率的作用

新学期开学了，中学生如何步入正常学习生活轨道，尽快适应、提高学习效率，是引起广泛关注的话题。开学前，中学生就要调整好自己的心态。

不管上学期学得怎样，都要告诉自己，这是一个全新的开始，要认真对待。感到焦虑的学生可以多想想学校里有趣的事情，想想和老师同学愉快相处的情景，听听轻音乐，整理文具放松自己的心情。家长面对孩子开学前的焦虑，要积极引导，不要责骂。

中学生要学会自我调节

中学生最好在新学期来临前就提早收心，以免开学后不适应。据了解，"开学综合征"是不少中学生都会面临的心理困境。张女士担忧地说，孩子开学就上初三了，可暑期玩疯了、心野了，现在一提上学就闹情绪，心烦意乱还无缘无故发脾气。这是典型的"开学综合征"，是学生因为不愿面对开学而出现的一系列症状。

对很多中学生而言，开学就意味着开始了忙碌的学习生活，要告别通宵上网，告别胡吃海喝，告别假期的安逸生活。不少学生在寒暑假期间，因为父母较忙疏于看管，整日沉湎于网络，生活作息不规律，每天晚睡晚起，开学后又要恢复早睡早起，重新调整生物钟，一下子有些不适应；还有的学生担心新学期功课太多，担忧学校人际关系，等等，也诱发了心理恐惧。

要应对这些"不良反应"，学生就要学会自我调节，建立规律的作息，早睡早起，按时睡觉起床，一周左右生物钟就可以调整过来。学生还要注意克制自己的负面情绪，学会容忍接纳别人，多参加一些集体活动，加强与同学和老师的沟通和交流，增强适应环境的能力。同时还要适当调整饮食，多吃一些蔬菜、水果、杂粮，避免挑食偏食，多参加一些户外活动，增加机体的抵抗力，尽快适应紧张的学习生活。

翻看课本上好新课

开学之后的一个半月里，要认真上好新课，掌握这部分内容，这是最快进入学习状态、提高效率的好方法。在上好新课的同时，学生从现在开始可梳理过去的知识点，根据已下发的考纲对照自己的优势与薄弱点，做到心中有数。

比如，语文学习还是需要靠平日的阅读积累，提高语文成绩关键在于提高文本的理解能力，因此要扩大阅读量，多看一些课外书籍，尤其是多读一些经典著作。语文教材重点在于让学生通过少而精的学习，提高语文综合素养。基本知识点都在书上，而综合能力的培养要靠平日里的阅读量一点一滴地积累起来。

经过一个假期的放松，有的学生对课本陌生了。开学前两天，同学们不妨拿出各科课本看看，复习原来学过的知识，也可以帮助提前进入学习状态。

对于初中生来讲，可以多做一些学习上的准备工作。开学前，可抽出时间整理一下上学期的试卷、错题本，梳理知识脉络，把自己的薄弱部分标示出来，以便开学后请教老师。

新学期伊始，不少学生又在为选择教辅材料费心思。尤其是初三学生，进入了临考准备的关键阶段，要配合好使用了半年的新教材挑选合适的教辅材料，不是一件轻松事。

专家建议，面对当下教辅良莠不齐的现状，关键要吃透一套题，扎实基本功。现在市场上真正好的、有分量的教辅材料不多。学生在挑选时，首先要调整好心态，不能盲目依赖。教辅只是相当于课外练习，各种各样的"宝典""秘籍"到最后也还是书上那些知识点，只是题目翻新一下而已。所以，相同类别的教辅材料不宜购买太多，宜精不宜杂，每本书都有它自己的系统性，只需要吃透一套题，把里面的内容融会贯通，就是最大限度地利用好了一本教辅。

做好学业准备

处在中学转折关口的学生，面临的是学业成绩和人际关系两大主要问题。首先在学业上，来自社会和家长的上行式教育，让学生觉得每一个新学期都应该有新的成绩、有明显的进步。

成绩不好的要变好，成绩好的要更好。因此，为了更上一个层次，会使学生产生一定压力，对开学惴惴不安。学生需要一定程度的紧张感和约束感，我们也要正视这种压力，挖掘它的积极意义。

再者，这阶段的学生处在青春期，在人际关系方面会有微妙的变化。他们的成人意识在萌芽，开始倾向于自己做决定，常见的逆反情绪就是他们开始具有成人感的最好证明。此时家长要技巧性地和孩子交流，不要剥夺孩子的成人感。

3. 学生提高学习效率的内容

指导学生制订学习计划

如果想要成为学习的主人，就必须制订学习计划。计划的好坏直接关系到学习的成败。教师要使每一个学生都明白计划对于学习的意义。计划的内容包括目标与任务、完成目标的具体措施、时间安排与力量分配等。

在学习上，既要有长期规划，又要有近期安排。长期规划是从整体上根据主客观情况确定阶段学习的目标和重点，一般以一个学期为宜。近期安排要具体到每周每日的学习，这一周要完成什么任务，学习多少小时，以什么为重点，都要有详细明确的安排。

每天晚上睡觉前要对当天所做的事情做一个简要的回顾，看是否完成了既定的目标；同时对第二天要做的事做好细致的安排，即先做什么、后做什么、复习什么科目、看什么等。如果每天花10分钟做这项工作，长期坚持下去，定会受益匪浅。

有的学生知道计划的重要性，计划也订得很多，但总是执行不了，因此对学习的帮助不大，反而弄得自己丧失信心。这主要在于计划制订不合理，或目标含糊，或脱离实际，或没有弹性、无法调整，等等。怎样制订合理的计划呢？应该让学生明确以下几点。

（1）要明确具体

计划越具体，指导性越强。因此，在设立目标和安排时间时，都要力求具体化。例如有个同学在计划中规定："……本学期重点抓数学和作文。作业独立完成后，每天做五道数学课外题，争取期中、期末考试都在95分以上。每天看一篇作文，记五个好词好句，争取每次作文在75分以上……"应该说，这样的任务和目标还是比较明确和具体的。

（2）要切合实际

要避免对自己提出过于苛刻的要求。有的学生急于求成，总想"一口吃成个大胖子"，目标定得太高，时间安排太紧，使计划成为一纸空文，不但不能指导行动，反而挫伤了自己学习的信心，怀疑自己的能力。因此，教师应当教育学生一定要注意切合实际，循序渐进。

（3）要留有余地

由于学习、生活中存在一些不可控因素，难受会影响到计划的执行，因此好的计划总是留有余地、富有弹性的。在时间安排上不可过于死板，这样才能保证计划的顺利执行。当然，留有的余地也不能太多，否则会使自己执行计划时松松垮垮，缺乏紧迫感。

（4）要及时调整

在执行计划的过程中，调整是必要的。如果实践表明计划不现实，或者近期有特别的任务要完成，计划就得修改。应让学生明白：学习计划是为自己制订的，应该让它适合自己。但调整计划的目的是更好地学习，而不是为偷懒提供方便。

指导学生科学运筹时间

时间有限，而学海无涯。如何把有限的时间投入无限的学习中去？除合理制订计划外，还要学会科学运筹时间。这是学习方法的重要组成部分。有的学生认为：每天上课、做作业、睡觉，规定得死死的，无所谓运筹不运筹了。其实不然。面对相同的时间，善于运用的人，会有更多的收获。指导学生运筹时间应注意以下两点。

（1）抓住学习最佳时机

也就是说，要把时间和心境、生理变化等因素结合起来考虑。同样的时间，由于心理状态不同，学习效果也不一样。心境平和的时候，学习效率高；情绪波动时，学习效率低。另外，在一天的周期内，人体的生理机制会发生一系列的变化，并相应地影响人的各种能力。

我们如果按这种规律合理安排学习生活，就可以高效率地利用时间。如早晨用于背诵外语，下午学习轻松一点儿的科目，晚上用来攻克难题，往往都会取得较好的效果。另外，每个人的生物节律不同，要把握自己的生物节律，充分加以利用。

（2）充分利用间隙时间

中小学阶段的学习是非常繁忙的，每天都有背不完的书、做不完的习题，许多学生会觉得时间不够用。但"时间就像海绵里的水，只要愿挤，总还是有的"。挤时间的秘诀就是尽量把时间单位缩到最小，充分利用间隙时间学习。

有人做过这样的计算，如果每天能利用的零星时间有半个小时，那一年可利用的间隙时间就有180多个小时。如果每小时能读上10页书，那一年就可以读完1 800页书。何况我们每天浪费的时间远远不止半小时。

教师可以让学生做个时间统计表，每天把做各项事情的时间一一加以记录。学生就会惊异地发现：有许多时间不知不觉消耗在无所事事之中，既没有学习，也没有娱乐，甚至没有休息，这些间隙时间成为生命的空白点。

怎样利用间隙时间呢？方法多种多样。如在口袋中放一些英语单词卡片，有空就拿出来读一读；与同学边走路边讨论问题；等人等车的时间，回忆一下今天所学的知识；等等。"不积跬步，无以至千里；不积小流，无以成江海。"间隙时间利用得好，也能派上大用场。

指导学生学会阅读

学生以学习间接知识为主，因此较多时间是与书本打交道。阅读是获得书本知识的基本方法，指导学生学习，特别要重视阅读方法的指导。

具体可以从以下几方面指导阅读方法。

（1）制订阅读计划

这里要明确阅读目的、要求、范围、时间、步骤、方法等。

（2）选择阅读书目

学生时间有限，应帮助他们合理选择书目。古代学者提出读书有"四别"，即"目治之书（只看一遍即可），口治之书（不仅看而且要背），心治之书（不仅要背而且要认真思考），手治之书（不仅要看、背而且要摘其要点写下来）"。

所以，阅读应分清轻重缓急。对中小学生来说，教科书应是"手治之书"，重要的参考书是"心治之书"，消遣性读物是"目治之书"。不同的书目有不同的阅读方法。

（3）做好阅读批注

在书中批注是爱书的表现，并不是糟蹋书。批注不仅可以使头脑保持清醒，而且有助于思维和记忆。批注的方法多种多样，如在主要观点和重要内容部分划线；在关键词下圈点；在空白处写上各种评注、疑问、答案、要点的归纳；等等。在批注的基础上，可以进一步做读书笔记。

（4）控制心理状态

保持必要的学习内推力，在阅读中调节自己学习的情绪。

（5）提供阅读材料

教师向学生提供阅读材料，可以让学生根据自己的实际需求合理地选择阅读内容。

指导学生学会观察

科学的观察方法是人们在自然条件下有目的、有计划地对自然现象或社会现象进行考察的一种方法。它是指人直接用自己的眼睛、耳朵等各种感官或借助相应的仪器去感知观察对象。学生通过观察，有利于增加感性认识，获得直接经验。

指导学生应用观察法，应注意以下几点。

（1）要有目的有计划

所观察的事物纷繁复杂，不是说随便观察就能获得知识的，要根据学习的要求，有计划、有步骤地进行观察。

（2）要注意典型性

观察的事物要有代表性、典型性，这样花费较少的精力，就可获得确切的资料。

（3）要实事求是

不要掺杂个人的偏见，这样观察得来的资料才真实可靠。

（4）要掌握观察方法

在观察之前要撰写详细的观察提纲，制定观察的标准，记录表格和速记符号。对观察对象在不同时空活动领域中的各种状态都要做好记录。

（5）对观察得来的资料要进行整理

整理观察资料，可以使之系统化、本质化。不要满足于一些零星数据或片段实事，要进行分析、比较、概括，得到较全面、较本质的认识。

指导学生学会记忆

学生获得的科学文化知识、道德观念只有靠记忆才能在头脑中得到巩固、保持。指导学生科学地进行记忆，应注意以下几点。

（1）明确识记的目的

提高识记的自觉性，积极地进行有意识记。明确识记目的和任务有助于提高识记的速度和正确性。要自觉主动地给自己布置学习和记忆的任务，而不是临阵磨枪，考前搞突击。

（2）正确使用记忆方法

科学的记忆方法，能够增强记忆，达到事半功倍的效果。避免使用机械重复的方法获取知识，重视对知识的领会、理解，掌握符合记忆规律的记忆方法，如形象记忆法、图解记忆法、歌诀记忆法、谐音记忆法、比较记忆法等。

（3）掌握记忆遗忘规律

只有科学地掌握记忆遗忘规律，才能科学地进行复习。

指导学生学会独立思考

学生独立地思考问题是学习不可缺少的。指导学生思考问题应注意以下几点。

（1）抓住关键知识

也就是说，要抓住知识的精华和内在联系，善于透过现象看本质，善于抓知识的难点、重点，避免平均使用力量，克服知识理解表面化的倾向。

（2）要善于思考

这里要求做到多角度、多渠道地思考、寻求解决问题的方案，突破常规思维，力图以全新的方案和程序创造性地解决问题。

（3）要能举一反三

也就是说要触类旁通，能积极展开联想，进行综合归纳，力求融会贯通，纲举目张。

指导学生建立科学的学习程序

学习周期中的预习、听课、复习、作业等环节，需要合理衔接，行止有序。教师应指导学生掌握三种科学的学习步骤。

（1）先预习后听课

这样学习目标明确，思维活动有较好的"准备性"。

（2）先复习后作业

实现知识在理解基础上的应用，达到有效的巩固和转化。

（3）先思考后发问

使思维进入最佳"愤""悱"境界，有利于知识的深化。

指导学生选择学习环境

指导学生在学习时要善于创造有利的环境，比如在墙上贴学习计划或鼓励自己奋发学习的格言、诗句等。清除书桌上干扰注意力的东西，如杂志、偶像照片、收音机、随身听、零食等。

在一般情况下，不要躺在床上学习。另外，尽量到图书馆和教室里学习，因为这些地方通常学习气氛比较浓，比较安静，有利于学生进入学习情境中。

4. 提高学生学习效率的指导方法

作为中学教师，经常看到这样的情况：某些同学学习很用功，时常熬夜，但成绩总上不去。原因何在？效率太低。那么，如何提高学习效率呢？

过好课堂关

要想过好课堂关，课前一定要抓好预习工作。预习宜粗不宜细，只要把课堂上将要讲的内容、重点和不易看懂的问题做到心中有数就行了，目的是听课时能有针对性。上课听讲一定要认真并适当地做一些笔记。

笔记不必太详细，因为一心只忙着记笔记，听课就会受到影响。课堂上的主要工作是吸收和消化老师所讲的内容。因此，课堂上专心致志、心无旁骛、聚精会神十分重要，这样才能明白老师讲的重点和解析的难点，课后才容易复习巩固，作业才会得心应手。

善于激发自信心

科学研究证明，人的潜力是很大的，但大多数人并没有有效地开发这种潜力，其中人的自信心是很重要的一个方面。自信心可以激发学习潜力。可以毫不夸张地说，一个人无论何时何地，做何事情，有了自信心，就有了必胜的信念，就获得了成功的一半。

相反，一个人如果缺乏自信心，即使能力很强，他也会一事无成。因为他在丢失自信心后，往往会怀疑自己的能力，遇到困难就畏葸不前，哪里还有成功可言。一个具有自信心的学生，他会对自己的能力坚信不疑，相信自己会学得十分出色，无形中挖掘出潜力，形成学习的内驱力，全身心地投入学习，乐此不疲，学习效率也会更高。

善于用心去学

学习的过程，应当是用脑思考的过程，无论是用眼看，用口读，或者用手抄，都是用脑的辅助手段，关键还是在于用大脑思考。比如，记概念，如果你只是漫不经心地浏览或漫无目的地抄写，一定得重复很多遍才能记住，而且不容易记牢。

但是，如果你能充分发挥自己的想象力，运用联想的方法用心记忆，往往可以记得很快，且不容易遗忘。很多书上介绍的快速记忆法，都特别强调联想的作用。可见，如果能做到集中精力，挖掘记忆的特点、规律等，运用类比自己已有的知识，就能实现知识的正迁移。

学习基础不好的学生，大多具有学习不用心的缺点，针对这种毛病，教师应经常讲凡事须用心的道理，还可以做心可以提高效率获得知识的实验，让学生得出用心才能获得知识的结论。

通过让学生在班级内分享用心学习的成功经验，能够让学生意识到用心的重要性，大大提高听课的专注度，促成全班成绩的提高。

始终保持饱满的情绪

每个人都有过这样的体会：如果某一天，自己精神饱满而且情绪高涨，那么这一天在学习新东西时就会感到很轻松，学得很快。其实，情绪饱满之时这正是学习效率高涨之时。因此，保持良好的情绪对提高学习效率十分重要。我们在日常生活中，应当有开朗的心境，不要过多地去想那些不顺心的事，不要计较和同学之间的矛盾。

如果我们以一种热情向上的乐观的生活态度，去对待周围的人和事，这样无论对别人还是对自己都是很有好处的。营造一个十分轻松的氛围，学习起来就感到格外有精神。建立起良好的人际关系，在学习中就会得到老师的指点、同学的帮助、朋友的鼓励，对提高学习效率帮助很大。

充分发挥学习的主动性

积极主动地学习，就能感受到学习的乐趣，对学习才会越发有兴趣。有了兴趣，效率就会在不知不觉中彰显出来。有的同学基础不好，学习过程中碰到不懂的问题，羞于向人请教，长此以往，不懂的问题越积越多，学习阻力越来越大。

唯一的方法就是放下架子，主动向别人请教，态度谦虚、心地真诚地请教，弄懂疑难问题，扫清学习障碍。作为教师，对学生应该多一点儿耐心、爱心、细心，多做循循善诱的讲解，切不可讽刺挖苦，否则学生一点一滴建立起来的信心很可能被你有意无意的一句话所摧毁。

如果每天都主动地弄懂一些问题，自然会有成就感，不会再产生学习畏惧情绪。主动去寻求问题的解答，学习有了原动力，学习兴趣不断高涨，何愁学习效率得不到提高。在学习的时候千万别做其他事，一心不能二用的道理谁都明白。

有同学边学习边听音乐，认为这是放松神经的好办法，其实不然。学习时分了心，效果必然会打折扣。可以在专心学习一小时后再全身放松地听一刻钟音乐，这才比较科学。另外，不要整个晚上都复习同一门功课，实践证明，这样做非但容易疲劳，而且效果也很差。如果每晚安排复习两三门功课，结果就会大不相同了。

提高学习效率并非一朝一夕之事，需要长期的探索、积累和汲取别人的经验。影响学习效率的因素，有学习之内的，更多的则在学习之外。只要养成良好的学习习惯，合理地利用时间，专心学习，坚持不懈，学习效率就能快速提高，学习成绩就能长足进步。

5. 提高学生学习效率的具体步骤

目前，在中学生的学习中，我们应当明确，学习的一个重要目标就是要学会学习，这也是现代社会发展的要求。所以，同学们在学习中应追求更高的学习境界，使学习成为一件愉快的事，在轻轻松松中学好各门功课。

学习能力是多方面的，它包括注意力、观察力、思考力、应用力、自觉力、记忆力、想象力、创造力等，本部分所涉及的是一些最基本的方面。可想而知，若是一个人连课都听不懂，提高学习能力和学习成绩则无从谈起。

所以，要提高学习能力，必须以听课为重，提高听课水平，在预习和上课阶段，让自身的学习潜力得到最大限度的发挥，然后利用复习，将学习的要点加以深入思考和整理，以提高应用能力，从而由征服一门学科到征服所有不擅长的学科，全面提高学习成绩。

提高听课水平

（1）积极主动地听课

一些人认为所谓的上课就是被动地听老师讲课，如果真是如此，那学生也不必事先预习功课了，只要把老师讲过的内容像鹦鹉学舌那样重复几遍，不就能圆满完成任务了吗？

实际上，中小学的课程，尤其是中学，并不能应付式学习，在毫无准备的情况下听老师讲课，顶多只能懂些"鸡毛蒜皮"的东西，想要做到彻底理解，几乎不可能。

所谓真正的"上课"，就是把自己事先做过或思考过，但又没能理解的问题，放在课堂教学的有限时间里积极主动地去求得解答的线索，然后再去思考更深一层的问题，而这样做的前提是必须做好预习和复习。

（2）预习

预习通常分为三个阶段。

①先把教科书通读一遍，在不甚了解的地方做个记号，上课时就针对这些疑点提出问题，直到了解为止。

②研究课本后的问题或习题，将它们解答出来，上课时将答案与老师讲解的正确答案对照。

③利用参考材料，将没有学过的内容（后几课）做一番预习，能做到这一步，不仅对预习的兴趣会迅速增加，而且预习的功夫也会渐渐达到"炉火纯青"的境界。

当然在预习阶段遇到不太明白的地方，应该立刻回过头来复习以前的部分，所以"预习"本身就包含了大量的"复习"因素，兼有双重功能，正所谓"七分预习，三分复习"。

（3）复习

复习的过程也分为三个阶段。

①把课堂上学过的内容重温一遍，但要切记不能"点到为止"，不求甚解。

②把课堂上学过的重点摘出来，整理在笔记本上，这并不需要太多时间。

③做练习，这能够加强应用能力，检验自己的学习成果。

提高学习效率的方法

一个人注意力不集中，那么学习效率会相当差，我们在精神散漫无法集中的时候，往往会归咎于环境不适合，就比如常常能听到这样的抱怨："没有一间像样的书房，想学习是心有余而力不足。"或者说:"附近噪声太大,所以看书的效率就很差",甚至强调:"如果住在一个环境幽静,没有人车的地方,学习效率不知会提高多少倍!"乍听起来,这种想法似乎很有些道理,但隔绝了外界的刺激,我们就能精神集中吗?

科学实验表明,如果与周围的环境隔绝,刺激太少,限定性过高的话,很难进行正常的精神活动,问题的关键在于,我们如何找出妨碍精神集中的干扰因素,并能用适当的方法加以排除使精神能持续集中。

（1）排除干扰因素

在日常生活中,你也许有过这种体验,当你在看书的时候,有人在附近讲话,虽然只是悄悄话,却会使你看不进去,然而在火车上,虽然车子在隆隆地向前开,你却很容易就能集中精力看书,可见周围音量的高低、强弱与对精神集中的妨碍度并不成正比,反而是其他的因素影响较大。

此外,感冒了身体不舒服,或其他烦恼,都会影响精神集中,因此我们必须想办法消除和避免这些因素。如果一本正经谈集中力,很容易被人认为这是一种特殊能力,其实不然,只要你多用心想办法排除会妨碍"集中精神"的因素,就可以办得到,只要抓住当前问题的重点并加以适当地处理,使身心保持最佳状态,集中程度就可以提高很多。

如果你还是觉得精神不能集中,就必须客观地分析目前所处的情况,找出其中的原因,当你能够觉察到"啊,我在这种状态容易分散注意力"的时候,也就能想出应对的办法了。如果你觉得周围细弱的声音干扰到了你,可尝试发出声音的学习方法来加以对抗。因为发声体距离远近与声音响度的关系,远处的声音会让你觉得更小更不容易受到影响。

（2）暂时抛开烦恼

一旦有了烦恼及杂念，就会妨碍集中精神及注意力，就必须分析并想出能解决问题的办法。面对烦恼而能集中精力学习，需要较大的耐力和意志力，在必须集中精神的时刻，把烦恼暂时忘掉。

一般说来，所谓烦恼，都是那些在脑海中绕来绕去的杂念，诸如此类总是碰到的情形，可以用笔把它记下来，并分析为什么会产生这样的烦恼，慢慢思考，渐渐有了头绪，就可以想出解决的方法，同样也把这些解决的方法记在纸上。

把烦恼写下来，你就能用比较客观的视角去正视它，自然情绪也会安定下来，也就能找出理想的方案了。即使不能立即找出理想的方案，但把它写下来也可暂缓情绪。不管怎样，把烦恼暂搁一旁，对于目前集中精力处理眼前之事会有较大的好处。

除精神的健康外，一个人的身体也很重要。一个人如果患病或身体不适，这时候还勉强坐在书桌边学习的话，效果一定不太好，如果觉得疲倦的话，那就要休息一下，不要太执着于学习了，只有身体健康了，学习效果才会好些。

（3）让注意力集中、持续

一般来说，人的注意力可以持续多久呢？根据实验，小学生大概可以持续30分钟，中学生大概是40～50分钟，成年人大概是一个半小时，这当然还要考虑到具体的环境条件及工作内容等，各方面情况不同，持续的时间也会有所不同。

每个人都应该对自己的"集中限度"有所了解。如果集中限度只有70分钟的话，可以在70分钟后设定一段10分钟的休息时间，使用这种间歇性的方法，比起长时间强迫自己集中注意力要好得多。

如果总是注意力不集中，不必担心，找一种能训练集中注意力的游戏，玩一玩益智又有趣。一个人在做自己喜欢的事时，也正是注意力最集中的时候，当一个人疲倦了的时候就必须转换一下状态，就好比一个人站久了就想要坐下来，累了就会想睡，人的生理，是在紧张与松弛的节拍中找到平衡而发挥出本来的机能，累了还要强撑着，是没有意义的。

学习到了某个阶段而觉得疲劳时，就得马上休息一下，以便恢复精力，要是不顾这些，继续用功，学习效率必然低落，如果说仍硬撑着，反而会搞坏身体，因此遇到这种情形，干脆转换一下状态。方法很多，并不一定要休息，你可以出外散散步，呼吸一下新鲜空气，也可以找朋友交流，还可以找些内容不同的书看，这些都是转换情绪的手段。

坐在书桌边久了，人就会疲劳，这也许是由于长时间保持坐姿产生的，血流不畅，筋肉疲劳，这时候就应该起来走走，转换一下姿势，做一做简单的动作，这对恢复精力是大有益处的。

6. 提高学生学习效率的技巧

综合经验一

（1）给自己定一些时间限制

连续长时间的学习很容易使自己产生厌烦情绪，这时可以把功课分成若干个部分，给每一部分限定时间，如一小时内完成这份练习、八点以前做完那份测试等，这样不仅有助于提高效率，还不会产生疲劳感。如果可能的话，逐步缩短所用的时间，不久你就会发现，以前一小时都完不成的作业，现在 *40* 分钟就完成了。

（2）不要在学习的同时干其他事或想其他事

一心不能二用的道理谁都明白，可还是有许多同学在边学习边听音乐。或许你会说听音乐是放松神经的好办法，那么你尽可以专心地学习一小时后全身放松地听一刻钟音乐，这样比戴着耳机做功课的效果好多了。

（3）不要整个晚上都复习同一门功课

有些学生用一个晚上来看一门功课，实践证明，这样做不仅容易疲劳，而且效果也很差。如果每晚安排复习两三门功课，情况就会好多了。

除十分重要的内容外，课堂上不必记很详细的笔记。如果课堂上忙于记笔记，听课的效率一定不高，况且学生往往也不能保证课后一定会去看笔记。课堂上所做的主要工作应当是把老师讲的课消化吸收，适当做一些简要的笔记即可。

综合经验二

学习效率是老生常谈了。我们经常看到这样的情况：某同学学习十分用功，在学校学，回家也学，有时还要熬夜，但成绩却总上不去。本来，有付出就应该有回报，而且付出得多就应该回报得多，这是天经地义的事。但实际的情况却并非如此，这就涉及学习效率的问题。

综合经验三

学习效率是决定学习成绩的重要因素。那么，我们如何提高自己的学习效率呢？

（1）要自信

很多的科学研究都证明，人的潜力是很大的，但大多数人并没有有效地开发这种潜力，其中人的自信是很重要的一个方面。无论何时何地，做任何事情，有了这种自信，人就有了一种必胜的信念，而且能使人很快就摆脱失败的阴影。相反，一个人如果失掉了自信，那他就会一事无成，而且很容易陷入自卑。

（2）学会用心

学习的过程，应当是用脑思考的过程，无论是用眼睛看，用口读，或者用手抄写，都是作为辅助用脑的手段，真正的关键还在于用脑子去想。

举一个很浅显的例子，比如记单词，如果只是随意浏览或漫无目的地抄写，也许要很多遍才能记住，而且不容易记牢，但如果能充分发挥自己的想象力，运用联想的方法去记忆，往往可以记得很快，而且不容易遗忘。

现在很多快速记忆英语单词的方法，也都是强调发挥联想的作用。可见，如果能做到集中精力，发挥人脑的潜力，一定可以大大提高学习的效果。

经验总结

学习必须讲究方法，而改进学习方法的本质目的就是提高学习效率。

学习效率的高低，是一个学生综合学习能力的体现。在学生时代，学习效率会对学习成绩产生影响。当一个人进入社会之后，还要在工作中不断学习新的知识和技能，这时候，一个人的学习效率则会影响他或她的工作成绩，继而影响这个人的事业和前途。

可见，在中学阶段就养成好的学习习惯，拥有较高的学习效率，对人一生的发展都大有益处。可以这样认为，学习效率很高的人，必定是学习成绩好的学生（言外之意，学习成绩好未必学习效率高）。因此，对大部分学生而言，提高学习效率就是提高学习成绩的直接途径。

提高学习效率并非一朝一夕之事，需要长期的探索和积累。前人的经验是可以借鉴的，但必须充分结合自己的特点。影响学习效率的因素，有学习之内的，但更多的因素在学习之外。首先要养成良好的学习习惯，合理利用时间，另外还要注意"专心、用心、恒心"等基本素质的培养，对于自身的优势、缺陷等更要有深刻的认识。

7.实现学生高效能学习的方法

要想在学习中善于利用时间，不仅要懂得珍惜时间，更要学会运筹时间，使自己在最短的时间内，得到最大的学习效果。在学习中合理分配精力，必须分清主次，合理地分配自己的精力，从而使自己在繁重的学习中保持清醒的头脑，用有限的精力来帮助自己保持尽可能高的学习效率。

学会在学习中排除干扰。来自外界和自身的一些干扰都会影响你的学习效率，必须要学会排除和隔离这些学习中的消极因素，将它们的负面效应降到最低。

学得时间长并不一定有用，问题的关键是：你的单位时间内的学习效率有多高。

有的同学一天到晚都在学习，但为什么效果不佳？这是一个学习中的老大难问题，也是最令家长、老师、学生感到困惑的问题。解答这个问题的钥匙就是利用效率法则，即高效利用时间，提高学习效率。

在著名启蒙思想家伏尔泰的作品中曾经提到过一个谜语:"世界上有一样东西,它是最长的也是最短的,它是最快的也是最慢的,它最不受重视但却又最受惋惜;没有它,什么事也无法完成,这样的东西可以使你渺小地消灭,也可以使你伟大地永续不绝。"

你想到这样唯一的东西是什么了吗?没错,它就是时间。在"钟表王国"瑞士的温特图尔钟表博物馆内的一座古钟上,刻着这样一句富有哲理的词句:"如果你跟得上时间的步伐,你就不会默默无闻。"

翻开人类科技发展史,就可以发现,人类的种种发明创造,都是为了节省时间。火车代替马车,电视取代影剧院,计算机、激光的出现,无一不是为了节省时间、争取时间、赢得时间。学习是在时间中进行的。无可质疑,谁能拥有更多的时间,谁就能获得更多的知识。长久以来,人们一直在探索怎样勒住时间的缰绳,以提高自己利用时间的能力。掌握一些高效利用时间的方法,如优化事序、最佳安排、排除干扰等方法能增加你的有效学习时间。

学习要有选择

真正懂得利用时间的人,是不会把一切东西都往脑子里塞的。雅典有座达尔菲阿波罗神庙,庙门门廊的一块石碑上刻着一句警世名言:"认识你自己"。

这是两千多年前,伟大的思想家苏格拉底提出的口号,这句话的含义是认识自己最难,而一个人对社会贡献的大小,往往同这个人对自己认识的广度、深度、准确度成正比。这句名言启迪着历史上一代又一代名人学者的成长。

两千多年后,19世纪一位同样伟大的思想家、丹麦著名哲学家索伦·克尔凯郭尔,提出了另一个口号"选择你自己"。它的含义是不仅要在理论上认识自己、认识世界,而且要在行动上准确地选择自己、选择生活和选择世界，做到这一点同样也是很难的。

可以说，这一口号为我们开辟了整整一个新时代。只有准确地认识自己和世界，才能准确地选择自己，认识是基础，选择是发展。可以说，人的一生是由大大小小的选择联结而成的，小到每时每刻对意志品格的选择，对坚强和软弱的选择，大到在每个人生十字路口的选择。

人生的艰难就在于：不得不一次次面对大大小小的选择，一次次经受着精神上的纷扰和感情上的翻腾。在学习中，同样也不能例外。福尔摩斯是英国作家柯南·道尔笔下的世界级大侦探，是一位全身上下充满着智慧的人。

福尔摩斯的形象一诞生，就成为很多人效法和崇拜的对象。就连爱因斯坦在写《物理学的进化》一书时，也忍不住用他作为全书的开头，以福尔摩斯的侦破过程为例来论述科学家寻找自然奥秘的一般方法。

那么，福尔摩斯究竟为什么能够在错综复杂的各种疑案中出奇制胜呢？柯南道尔在 1887 年首次推出福尔摩斯形象的《血字的研究》中，为人们开出了一份福尔摩斯的学识简表：

文学知识，无；

哲学知识，无；

天文学知识，无；

政治学知识，浅薄；

植物学知识，不全面，但对于茛蓿制剂和鸦片却非常熟悉；

地质学知识，偏于实用，但也有限；但他能一眼就分辨出不同的土质；他散步回来后，能根据溅在他裤子上泥点的颜色和坚实程度来说明是在伦敦的什么地方溅上的；

化学知识，精深；

解剖学知识，准确，但无系统；

惊险事件，很广博，他似乎对近一个世纪中所发生的一切恐怖事件都深知底细；

提琴，拉得很好；

善使棍棒，也精于搏击；

关于英国法律方面，他具有充分实用的知识。

从这张简表可以发现，福尔摩斯的知识是有自己的特定结构的，任何一个有成就的人，他的知识结构都能很好地为他的成功服务。知识是无止境的，学习却必须有相对的止境，所学知识对实现自己的目标够用就行，不够用时再随时加以补充，对目标没有作用的大可不必去花时间学习。

福尔摩斯的天文学知识近于零。他对此有过一段妙论："都说咱们是绕着太阳走的，可是，即使咱们每天是绕着月亮走，这对于我或者我的工作又有什么关系呢？"

对于知识的选择，福尔摩斯告诫我们："人的脑子本来像一间空空的小阁楼，应该有选择地把一些家具装进去，只有傻瓜才会把他碰到的各种各样的破烂杂碎一股脑儿都放进来。这样做的后果就是，那些对他有用的知识反而被挤了出去，或者，最多不过是和许多其他的东西掺杂在一起。等你要用的时候，就感到困难了。"

对学生来说，如果能准确地在无穷无尽的知识中选择某一部分或领域，来作为学习的方向，就比较容易成功。著名博物学家拉马克，少年时代，父亲希望他当牧师，将他送到神学院读书。后来战争爆发，拉马克当了兵。退伍后，他爱上了气象。之后，他又在银行里工作，想当金融家。但他很快又爱上了音乐，整天拉小提琴。后来，哥哥劝他学医，学了四年，他没有多大兴趣。正当他 24 岁时，遇上了著名思想家卢梭。卢梭很喜欢拉马克，常带他到自己的研究室中。当时，这位三心二意的青年就深深地被科学迷住了。从此，他花了整整26年的功夫系统研究了植物学，写成了名著《法国全境植物志》。当他50岁时，开始研究动物学，一共费时35年，他终于成为一个著名的博物学家。

既然选择学习方向如此重要，那么，作为一个学生，应该怎样选择呢？一般来说，选择学习方向有两种情况，一种是别人给自己定向，另一种是自己给自己定向。不管哪一种，都要考虑两个方面的因素：

（1）外部因素

比如，是否符合社会的需要？是否特别急需？这门学科的发展趋势如何？1937年，英国著名的卡文迪许实验室主任布拉格做了一项重大决策，即抛开该室长期取得成就的理论物理学，改为研究无线电探测太空和血红蛋白两个课题，这一决策受到众人的反对。

但布拉格力排众议，做出决定，从而使得卡文迪许实验室后来成为射电天文学和分子生物学的发源地，还培养了一批杰出的科学家，其中不少人获得诺贝尔奖。这件事例说明了解学科发展趋势，及时选定方向是何等重要。

（2）内部因素

它包括性格、兴趣、智力、才能等。遗传学中有一种理论，即正常人的中等智力通常由一对主基因所决定，另有五对次要的修饰基因，它决定着人的特殊天赋，起着降低或提高智力的作用。一般这五对次要基因中，总有一二对是好的，因此，正常的人总在特定方面有良好的天赋和素质，具有自己的优势。

达尔文学习数学呆头呆脑，学习生物时却比别人更容易接受；柯南道尔行医并不出色，写侦探小说却名扬四海……这种例子还有很多。

但是，为什么有的人的优势得不到充分发挥呢？很重要的一个原因是一个人认清自己的优势往往比发现别人的优势要困难。要认识自己的才能和优势，关键是要在实践中不断发现自己，认识自己，而要做到这点并非易事。

文学家高尔基就是经过无数次实践失败，才认识到自己的优势。一开始，他爱戏剧，但此路不通。后来想去当马戏团演员，别人说："你岁数太大，骨头硬了。"他只得去学写诗，写了厚厚的一本，诗人看后说："你的诗很糟糕。"最后，他碰到一位流放的革命家，高尔基向他讲了自己的流浪生活，革命家叫他写下来，寄到《高加索报》，一位编辑看了，连声叫好。

从此，一颗文坛明星升起了，光芒照耀全球。实际上，有不少人一辈子也不想了解自己能干什么？不能干什么？苏联作家格拉宁说："这种状况在科学界是最可悲的……如果每个人都能知道自己能干什么，那么生活会变得多么美好，因为每个人的能力都比他自己感觉到的大得多。"

其实，智力一般的人，只要善于选定方向，发挥自己的优势，也能有所成就。只读过中学的 26 岁的英国姑娘珍妮·古道尔，并没有过人的才智，却能够正确地选择自己的学习方向，她没有去读数理化，而是进入非洲丛林十年，去考察黑猩猩，写出《黑猩猩在召唤》一书，填补了灵长类动物行为学上的空白，成为一个有贡献的科学家。

马克思曾经说过："搬运夫和哲学家之间的原始差别要比家犬和猎犬之间的差别小得多，他们之间的鸿沟是由各自最初的学习方向造成的。"

假定一个人的知识为零，那么他的有效知识占的百分比是多少呢？一个人实际需要的知识就是他的有效知识。现实中，人的知识面总是大于实际需要的知识，大多数人的有效知识大约相当于总知识的 10%，这是多么的可惜呀！假如一个人能把学习那些实际不需要的知识的时间用在正确的方向上,那么他的成就将是不可估量的。

从自己的实际需要出发去选择学习的方向,这样学到的知识就都是有用的,这样的学习才是高效的。

把握现在,不要拖延

凡事都习惯推到明天再干的人,将永远没有明天。有一艘海轮途中触礁,船体进水。乘客有的急忙找救生圈,有的找自己的行李,但更多的人在发牢骚:有的责怪船长,说其驾驶技术太差;有的骂造船厂,说其生产伪劣产品。这时,一位乘客高声喊道:"我们的命运不是掌握在我们的嘴上,而是掌握在我们的手上,快堵住漏洞!"经过众人的努力,漏洞被堵住了,海轮安全地驶向彼岸。

看了这个故事,可能很多同学都会欣赏号召堵漏洞的那位乘客。毕竟,百怨不如一干,百说不如一做,光靠嘴皮子是没用的,只有行动起来,才能解决问题。那么,你能做到这一点吗?有一个美国人一直想到中国旅游,于是制定了一个旅行计划。他花了几个月阅读搜集来的资料,包括中国的艺术、历史、哲学、文化。他研究了中国各省地图,订了飞机票,并制定了一个详细的日程表。他标出要去观光的每一个地点,每个小时去哪里都定好了。

有个朋友知道他翘首以待这次旅游,在预测他已经回国后的一天,到他家做客,问他:"中国怎么样?"这人答道:"我猜想中国是不错的,可我没去。"他的朋友大惑不解"什么!你花了那么多时间做准备,却没有去,出什么事啦?"他回答道:"我喜欢制定旅行计划,但我不愿去飞机场,所以待在家没去。"可以看出,不管你的梦想多么美妙,计划多么周详,如果不采取任何行动,梦想只能是空想。

有一个人向禅师请教:"我想学禅,体悟人生真谛。我应该从哪里开始做起呢?""从这里。"禅师边说边用木棍在地上画了一条线。

那人大惑不解地问:"这里是哪里?"禅师当头棒喝道:"这里就是此人、此时、此地!"禅师的意思是说,不管你想学什么,都应该马上行动起来。

许多同学有把今天的事情拖到明天去办的习惯,并且还要千方百计地找理由来安慰自己。可是要想有时间,就必须抓住每一分、每一秒,不让光阴虚度。向往明天、等待明天而放弃今天的人,就等于失去了明天,结果还是一事无成。而把握今天的秘诀是"今天的事情今天做"。古今中外的伟大人物无一例外地不是抓住一个个稍纵即逝的"现在",立足"今天"、运筹"今天"。

只争朝夕,抓住今日,兼程而进,这就是非凡成功者的用时精神,也是他们的成功所在!每个中学生都应该牢记大剧作家莎士比亚的话:时间给勤奋者以智慧,给懒汉以悔恨。放弃时间的人,时间也会放弃他。没有一种不幸可以与失去时间相比。中学生尤其应该避免这种不幸。

李洋在老师和家长眼里,绝对是一个听话的好孩子,学习成绩也很优异。本来他是一个爱说爱笑的学生,但是最近他总是愁眉苦脸的,满怀心事,而且老说一些使自己泄气的话,比如"唉,我怎么这么没用啊""累死了,真不想学习了,没意思!"

班主任林老师也发现了这个问题,便把李洋叫到办公室,仔细询问。李洋一副苦恼的样子,他说:"我一直很爱学习的,我有自己的理想和目标,这学期开始,我制定了详细的计划,包括各门功课应该实现什么样的目标,在班上争取什么样的位置。

为了实现这些,每天在什么时候、要做什么事都做了明确的规定。而且我还分科独立制定目标,一门功课一张表。但是令我苦恼的是,这个计划仅仅执行了一周,第二周便不能执行了。有时是忘记了这个时间该做的事情，干脆后面的也不想做了；有时候感觉很累，什么也不想做，就对自己说明天再做吧，到了第二天又没做……我应该怎么办呢？"

林老师听了点点头，说："别着急，老师帮你分析分析。"李洋的计划是制定好了，但执行不到一周就出毛病了：今天打了半天篮球，特别累，休息一下明天晚上学习；到了明天晚上，有足球赛，算了，明天晚上再说吧……这样不知道过了几个"明天晚上"，结果是计划一点都没执行。

我们每一个同学的脑海里可能都藏着一个或多个早就应该付诸行动的想法。你的想法，也许是写一篇文章，或是早起锻炼身体，或是成绩提高 10 分，等等。每一个人总想追求完美，怀有不断改进自我的希望，可是像李洋一样的同学也是不少的。

我们来看一下李洋的计划究竟有什么问题：

第一，计划太完善了。计划完善了也不好吗？是的，如果你的计划太完善，内容、时间都规定得很具体，一环扣一环，那么一旦一个环节出现了问题，所有的行动就全都无法实现了。所以定计划时，一定要留有余地，要有能够机动的时间。

第二，制订计划时没有结合实际情况，没有考虑到自己的能力，没有考虑到环境的要求。李洋的计划中也存在这个问题，他把目标定得太高了，而且根本不考虑每天上课的时间和安排。

除了前面两点是客观方面的原因外，更重要的是一些主观方面的问题，具体包括：

第一，懒惰而贪于安逸。他们根本不在乎能否实现一个想法，只要享受当下，一直到"老大徒伤悲"时，才会感叹自己"少壮不努力"。

第二，做事犹豫不决，迟迟未见行动，一再拖延。他们老是说："等一等，等我准备好了就一定开始。"但是，准备又准备，从未就绪。时不我待，失去时机，你就永远无法成功。

第三，意志薄弱者时时受到玩乐的干扰，为了一时快乐，而放弃已经确立的目标。他们常常为自己的耽误时间而后悔，又不能及时约束自己，到头来一事无成。

第四，安慰自己，寻找借口。"这种方法不错，可不适合我。""我已发誓早起多次了，可就是做不到，看来我的天性不适合早起。""我一看书就困，试过多次了，看来，我与别人不同。不适合晚上看书。"这些理由看似合理，实则都是自欺欺人。

其实，像李洋同学这样的问题解决起来十分简单：采取行动，而且现在就开始。任何借口都是多余的，成功之计在于立刻采取行动。

古诗《明日歌》这样写道:"明日复明日，明日何其多，我生待明日，万事成蹉跎。"是啊，如果所有的事情都推脱到明日，那么就永远没有完成的一天，最后只能是一事无成。

方法总结

学习时间是有限的，但学习内容却是无限的，所以要学会选择，把握重点。所谓重点，一是指自己学习中的弱科，二是指各学科中的重点内容。

重点确定以后，必要时还可以根据本身的系统性，将重点内容再细分为几个专题，在兼顾其他各学科学习的同时，集中一个月或几周的课余时间去专攻一个专题，解决一个专题以后，再集中一段时间专攻第二个专题、第三个专题……这种各个击破，集中力量打歼灭战的学习方式，无论对于补差或是提高，都是行之有效的方法。

你要下决心告诉自己今天是行动的大好日子,今天的行动塑造着你的未来。若要及时行动,不妨从以下几条做起:抛掉过去的烦恼。无论过去损失了多少时间,经历了多少次失败,都要统统忘记,心中仅存一个念头,那就是:"从现在开始。"过去的事情永不会再来,不要让它们干扰你的现在。

清除所有阻碍行动的理由。如果你决定今晚就行动,就不要在乎是否停电,是否有其他诱人的事情,是否中午没休息好,等等。今晚的这些理由同样会在明天出现,要想立刻行动就必须清除这些理由。

8. 在睡眠方面改善学习效率的技巧

为了使同学们可以拥有更加高效的学习效率,编者对于学生睡眠时间以及最佳睡眠时间段进行了调查和研究。为此,编者用了调查法(问卷调查、文献调查、采访)和文献资料法的探究方法进行了调查,又运用实践法,由组内成员亲身实践得到研究成果,最终得到结论,即只有保证充足的睡眠时间才能提高学习效率,所以要提高睡眠的质量。

背景分析与目的

现在中学生的学习压力日益增大,在竞争的压力下,每个同学的睡眠时间也呈下降趋势。有些同学在夜里"奋斗",在白天时的效率会随之降低,导致第二天上课的内容无法有效吸收,晚上又需要"奋斗"来消化今天上课的内容,无法保证正常的睡眠时间,这样就形成了一个恶性循环。

有些同学拼的是时间战,身体战。认为晚上的时间可以多用来学习，把别人睡觉的时间用来努力学习，想要以"勤"取胜，然而这样往往忽视了效率，因此达不到很好的效果，而且对于我们的身心健康也是有损害的。

希望通过编者的调查给中学生读者们提供一个更加具有科学性的睡眠计划，保证睡眠质量，使同学们的学习效率更高，在不影响身体健康的情况下取得更优异的成绩。

对存在问题的分析

（1）对采访的分析

通过对一些在同学眼中学习效率高的学生的采访，以及进行的普查结果进行分析。我们发现，学习效率高的同学虽然都有着不同的睡眠习惯，但都有一定的睡眠规律。每天的睡眠时间一般相等。一般不会打乱这个规律。

我们建议：每天的睡眠时间最好为 7～8 个小时，时间段在 10：30 到 6：30。

（2）对问卷的分析

通过本次调查，从统计数据中可以反映出，受访学生普遍睡眠时间为 6～7 个小时，共占总数的 67%，还有 25% 的学生每天睡眠时间为 8 个小时。另外 8% 的学生的睡眠时间在 4、5、9 个小时不等。

在受调查的 240 名学生之中，有 196 人认为现在的睡眠时间不够，仅有 44 人认为睡眠时间充足。由此可见，学生普遍睡眠时间不够，应该尽可能加强晚上的学习效率，使睡眠时间充足。

从统计结果上看，有 21% 的人上课经常走神，多达 72% 的学生上课偶尔走神，仅有 7% 的学生上课从不走神。由此可见，同学们的上课效率并不高，并没有 100% 地把上课内容吸收。这就有可能使同学回家后面临一些诸如上课内容不明白、需要重新学习等问题，这就需要浪费比课堂上更多的时间来理解知识点，压缩了一部分睡眠时间。

由此数据可以清晰地反映出在同学们实际生活中睡眠对于学习效率的影响。在假期时，同学们都拥有充足的睡眠时间，在240名学生中有123名学生认为当有充足的睡眠时间时，学习效率会得到提高，有104名同学觉得有一些提高，但不太明显，只有13名学生认为睡眠时间对自己的学习效率没有影响。由同学们的实际情况我们可以分析出，对于大部分人来说，当睡眠时间充足时，学习效率会得到提高。

在受调查学生当中，有41%的同学认为应当保证8个小时的睡眠时间，有29%的同学认为应当睡9个小时，有20%的同学认为睡眠时间应达到10小时。把此数据与同学们的平均睡眠时间相比，实际的睡眠时间比自己认为的最佳睡眠时间要少很多。可见我们的确应当提高学习效率，增加我们的睡眠时间。

此外，还对影响睡眠的因素进行了调查，在同学们的眼中，睡眠时周围的声音、自己的情绪、光亮度、温度和自己的身体因素等都对睡眠有一定的影响。只有改变我们睡眠的质量，才能使我们在有限的睡眠时间里得到有效的休息，在第二天有更高的学习效率，形成一个良性循环。

对参考文献的分析

通过对于参考文献的分析，编者研究了最佳睡眠时间段和睡觉时间过长为何不好。通过查阅书籍以及上网浏览资料，对资料进行搜集、分析、辨认、整理，最终总结出以下结论：

能取得较好的睡眠质量的入睡时间是晚上9点到11点，中午12

点到 1 点半，凌晨 2 点到 3 点半，这些时间段人体精力下降，反应迟缓，思维减慢，情绪低下，利于人体转入慢波睡眠，以进入甜美的梦乡。

当然关于作息时间，根据夏季和冬季的不同，还是应该有所调整的，就像在夏季，最好的睡眠时间应在晚上 10 点到 11 点之间，而起床应在早上 6 点到 7 点之间。相对应的冬季睡眠与起床时间为晚上 9 点半到 10 点半之间和早上 6 点半到 7 点半之间。

有些学生在假期可能因为平时学习睡眠不足而"补觉"，但是通过研究发现睡眠时间过长与睡眠不足一样，都可导致神疲、体倦、代谢率降低，所以睡眠不宜过长，否则心脏的跳动便会减慢，新陈代谢率也会降得很低，肌肉组织松弛下来，久而久之，人就会变得懒惰、软弱无力，甚至智力也会随之下降。

因此，人的睡眠时间不宜过长，如果想用增加睡眠时间来获得健康，那将会适得其反。所以在假期中进行"大补觉"的做法是不科学的。想要保证良好的学习效率，就要在平时关注自己的睡眠情况，进行合理睡眠，提高睡眠质量。

关于实验的反馈

经过亲身实验，编者更加深化了本研究性学习的意义与目的，体会到了睡眠对于我们实际生活的好处，在这短短两周中，我们找到了适合自己的睡眠时间段。

具体的研究结果为：最好在晚上 10 点到 11 点间睡觉，不能在睡觉前做过于激烈的运动等，在早上 6 点到 6 点半左右起床，保持这样的睡眠时间段，可以让我们在新一天的学习中精力充沛。

当然在节假日期间，我们可以多睡一会，但不能时间过长，这样同样会影响新一天的工作学习。编者相信，调整睡眠时间可以使我

们的学习效率更高。

关于睡眠的建议

通过调查问卷可以看出，在接受调查的同学中，大家普遍认为睡眠时间在一定程度上影响着学习效率。在一些上课从不走神的同学中，他们的睡眠时间普遍能保证在 7～8 个小时，但是睡眠时间过长也会造成不好的影响，比如：起床时还是犯困、头疼、头晕等。所以要控制好自己的睡眠时间。

对于中学生来说，学习科目多，知识量大，时间少，时间就像是海绵里的水，需要我们一点点把它挤出来，但是一定不可以挤掉睡眠的时间，只有保证睡眠时间，才能使我们在上课时有清醒的头脑，有较高的学习效率，形成一个睡眠与效率的良性循环。

（1）关于睡眠时间的建议

①每天的睡眠时间最好在 7～8 个小时，保证有规律的睡眠时间是最重要的。

②夏季和冬季可以根据各人不同，调整睡眠计划。

（2）关于睡眠质量的建议

①保持平和的心态，在睡觉前不要过度用脑。

②要注意身边的环境因素，如：光亮度、温度、声音等。

③在睡觉前不要做剧烈运动。

④在睡觉前 2 小时内不要喝咖啡，否则会导致精神兴奋。

（3）关于睡眠环境的建议

①睡眠时的温度，应在 15°～24° 之间。

②睡觉的环境，应该尽量避免噪音干扰。

③关于光亮度，可以在卧室里开一盏小灯，有助于睡眠。

④关于湿度，适宜的相对湿度为 60%～70%，使用空调或暖

气时应注意湿度的维持，还可以使用加湿器，但要注意室温防止流汗。另外，穿着吸汗性佳的睡衣，也有助于身体周围适宜湿度的维持。

9. 加强小学生学习效率的重要性

影响小学生学习效率的因素

素质教育需要我们培养和造就有灵气、会学习、能创新的综合性人才。而要在竞争的机制中求发展，关键在效率。学习，谁能领先，取决于学习效率。工作，谁能领先，取决于工作效率。通常，工作效率取决于学习效率，学习效率高，工作效率很快就能提高。创业，谁能领先，取决于远见卓识。远见卓识取决于知识结构、学习质量，谁的远见卓识在先，取决于学习的质量与效率；只要通过学习尽快地掌握相应的知识能力，就能具有远见卓识。有竞争意识、价值意识，就必须有学习效率意识。

然而，在目前的现实生活中，小学生的学习效率意识普遍比较薄弱：不懂得珍惜时间，学习马虎、拖拖拉拉、磨蹭等现象，已成为教学中的通病，顽固之症，让老师、家长头疼不已。究其原因主要是我国现在的青少年中，独生子女占相当大的比例。

（1）家庭教育方面

在家庭教育中，家长过分保护，娇宠溺爱，事事代劳的现象十分普遍，特别是作为农村的孩子，情况更是严峻，许多家长都在外地打工，子女较多由祖父母、外祖父母照顾，对他们更是疼爱有加，这些家长本身素质就不高，对于孩子效率意识的培养也是无从谈起。孩子从小在这样的环境中成长，习惯于把任务都推给家长，推给他人，久而久之，势必淡化了他的效率意识，认为什么事都可以慢慢来，别人都会帮你完成任务。

生活方面草率，心中无他人，做事不计后果等现象时有发生，进而影响到孩子们的学习。当然也有些学生的家长教育方式过于严，过于激，导致学生的逆反心理，再加上社会上一些不良因素影响，学生与家长无法沟通，家长放弃，学生就"破罐子破摔"，那么这些学生的学习效率自然而然就低了。由此看来，家庭教育是造成学生学习效率低下的原因之一。

（2）学生自身方面

有的学生学习意志力差，自控、自理能力差，表现出学习上的懒惰，课堂或课外上经不起外界事物的诱惑和影响，极易分散注意力；有的学生记忆速度慢，且记忆不准，容易遗忘，观察的自觉性和组织性差，思维表现出反应迟钝，不能适应变化了的学习内容；还有一些学生基础知识差，也没有科学的学习方法，知识欠账越来越多，从而导致他们丧失学习的信心，甚至根本不参与学习活动，认为自己不是学习的料，根本不可能学好，自然，这些学生的学习效率也就低了。

（3）学校老师方面

学校老师长期以来津津乐道于知识烦琐的分析，习惯于知识的辨析讲解，却没能真正教会学生学会科学的思维方法和学习方法，没能培养学生学习的兴趣，没能很好地了解学生的思想动态、把握学生的内心世界，也没能做好家长的思想工作。

经过长期反思与实践，编者认为要提高教学效率，必须让学生养成效率意识。而意识的养成要从学生实际出发，调整教学步骤，把知识当载体，目的是教会学生学习。现代教育观念的核心是人的现代化。教学要培养学生各方面的能力，不能只管知识不管人，只见能力不见人，要逐步改进我们习惯的教法，在教学效率的提升中引导学生学习效率意识的养成。

那么，目前学生的学习效率意识又是怎样的呢？编者询问了一些一线教师，对部分学生进行了观察、交谈，发现有些学生做任何事都是随着自己的性子来，不知道事情的轻重缓急，结果等完成这件事的时间到了的时候，就不知所措了。

同时，也对四、五、六年级的学生进行了问卷调查，结果显示：有 9.7% 的学生认为自己的学习效率非常高，有 76.4% 的学生认为学习效率为一般，10.9% 的学生觉得学习效率比较低，还有 3% 的学生认为学习效率很低。由此可见，学生的效率大部分停留在一般水平，提高的空间还是挺大的。

小学生学习效率提高的重要性

联合国教科文组织有两个明确的观点：一，今天教育的内容百分之八十以上都应该是方法，方法比事实更重要；二，未来的文盲就是那些没有学会怎样学习的人。《学会生存》一书中指出：未来的文盲不是目不识丁的人，而是没有学会怎样学习的人。提高学习效率是培养跨世纪的新一代创造型人才的需要。我们正处在科技迅速发展的时代，知识的更新日新月异。人们只有具备获取新知识和新能力的自学能力，不断更新自己的知识结构，才不至于落后，才能为社会的发展做一份贡献。

因此，世界各国为了培养开拓型、创造型的人才，都在进行教育改革，都非常注重培养学生的学习效率。科学家和教育家都预言：未来的文盲将不是目不识丁的人，而是那些没有掌握学习方法，不会学习的人。"教会学生学习"已成为当今世界流行的口号。事实证明：小学阶段不养成良好的学习习惯，不掌握初步的学习方法，在小学阶段就会有力不从心之感；到了中学，就会被同学落在后面。

小学生学习效率提高的认识

学习效率提高，它是指教育者通过一定的途径对学习者进行学习方法的传授、诱导、诊治，使学习者掌握科学的学习方法并灵活运用于学习之中，逐步形成较强的自学能力。简言之，效率提高即教学生学会学习，或者说是教育者对学习者的学习方法信息进行的一种反馈控制。

（1）效率提高是教学方法改革的一项重要内容

当前，教学方法改革的一个重要的发展趋势就是教法改革与学法改革相结合，以研究学生科学的学习方法作为创建现代教学方法的前提，寓学法于教法之中，使教法学法化，把学法研究的着眼点放在纵向的教法改革与横向的学法改革的交融处，真正体现教与学双边活动的有机统一。

（2）效率提高是培养学生的学习能力的核心因素

它是学生知识体系中的重要组成部分，也是能力结构的重要成分。法国数学家笛卡尔说过："具有价值的知识是关于方法的知识。"所以，学法指导，就是要最大限度地调动学生学习的积极性和主动性，激活学生的思维，帮助学生掌握学习的方法，培养学生的学习能力，为学生发挥自己的聪明才智提供和创造必要的条件。

（3）学法指导是发挥学生自己这个学习内因作用的有效措施

"外因是变化的条件，内因是变化的根据，外因通过内因而起作用。"在教学过程中，学生要接受信息，理解、消化知识，并不断发展能力，主要是要靠学生自己这个内因的努力，而教师的学法指导正好有效地促进了学生充分发挥内因作用。总之，教师采取各种形式，就是要让学生做学习的主人，积极地动口、动手、动脑，主动地进行学习和探讨。

10. 提高小学生学习效率的方法

学习效率是一个小学生综合学习能力的体现。在学生时代，学习效率主要对学习成绩产生影响。学习效率很高的人，必定是学习成绩好的学生。因此，对大部分学生而言，提高学习效率就是让学习进入最佳状态。

要想提高学习效率，最重要的一条就是劳逸结合。小学生学习效率的提高最需要的是清醒敏捷的头脑，所以适当的休息、娱乐不仅仅是有好处的，更是必要的，是提高各项学习效率的基础。

要自信

很多的科学研究都证明，人的潜力是很大的，但大多数人并没有有效地开发这种潜力，这其中，人的自信是很重要的一个方面。无论何时何地，做任何事情，有了这种自信，就有了一种必胜的信念，而且能使人很快就摆脱失败的阴影。相反，一个人如果失掉了自信，那他就会一事无成，而且很容易陷入自卑。

要学会用心

学习的过程，应当是用脑思考的过程，无论是用眼睛看，用口读，或者用手抄写，都是作为辅助用脑的手段，真正的关键还在于用脑子去想。举一个很浅显的例子，比如记单词，如果只是随意地浏览或漫无目的地抄写，也许要很多遍才能记住，而且不容易记牢，而如果你

41

能充分发挥自己的想象力，运用联想的方法去记忆，往往可以记得很快，而且不容易遗忘。现在很多书上介绍的英语单词快速记忆的方法，也都是强调用脑联想的作用。可见，如果能做到集中精力，发挥人脑的潜力，一定可以大大提高学习的效果

要保持良好的情绪

许多人都曾经有过这样的体会，如果某一天，自己的精神饱满而且情绪高涨，那样在工作时就会感到很轻松，任务完成得也很快，其实这正是工作效率高的表现。因此，保持自我情绪的良好对孩子的学习也是十分重要的。

在日常生活中，应当有较为开朗的心境，不要过多地让孩子接触一些不顺心的事，要教孩子以一种热情向上的乐观生活态度去看待周围的人和事，因为这样无论对别人还是对自己都是很有好处的。这样，他们就能在自己的周围营造一个十分轻松的氛围，学习起来也就感到格外有精神。

11. 中学生学习效率的影响因素

学习关系到孩子能否成才，关系到教育的成败，关系到国家的发展、民族的兴衰。不论是从国家的需要、社会的发展，还是从个人的前途来看，只要生活在社会上就必须学习。有的人坚持数年学有所成，有的人涉猎多方效果不佳，原因是多方面的，但学习效率是决定学习成绩的重要因素。

所谓学习效率就是学习所消耗的时间、精力与所获得的学习数量和质量之比。实际上，学习效率所探讨的就是如何以最少的时间、

精力的投入，获得最多最好的知识、具备较强的能力使学习最优化的问题。

在新课程标准更加重视以学生为主体的今天，教学已逐渐把重心由教师的"教"转向学生的"学"，更加重视学生在学习中的主体性的发挥。在这一趋势的影响下，学生的学习效率应该成为教育教学研究的重中之重。以下对影响学习效率的相关因素进行分析：

学习者内部因素

（1）智力因素

智力因素又称为认知因素，智力发展水平对知识学习是非常重要的。许多心理学家对智力与学习效果之间的关系进行了大量统计分析，结果发现两者间有明显的相关关系。这意味着智力是影响知识学习的重要因素，在其他条件大体相同的情况下，智力水平高的学生学习成绩也较好。一般认为，构成智力的因素有观察力、记忆力、思维力、想象力等几个方面。

（2）非智力因素

非智力因素又称为非认识因素，非智力因素主要指动机、兴趣、情感、意志、性格等。作为一个有一定结构和功能的有机整体，非智力因素对学生的学习过程主要起着动力、定向、维持、调节、强化的作用。

智力正常的学生常由于情感、意志、性格、气质、动机、兴趣等非智力因素的发展情况不同而产生不同的学习效果。专家认为非智力因素对学生学习效率的影响比智力因素的影响还要大。以下围绕非智力因素中的几个方面重点展开叙述：

①学习情绪与学习效率。学生的学习情绪是指学生在学习活动中所产生的情绪反应。学习情绪有积极和消极之分。如果

学生精神饱满、情绪高涨，那么在学习时就会感到很轻松，学的也快。如果在学习中遇到困难，精神状态差、情绪低落，那么在学习时就会感到烦恼和焦虑，学习效果就会大打折扣。积极的学习情绪主要有对学习有浓厚的兴趣、深刻理解学习的重要意义、自觉地发奋学习等表现。消极的学习情绪会导致厌学情绪的产生，不明确学习的重要意义，把学习看成是一种负担。

那么学生为什么会产生消极的学习情绪呢？据了解，有些学生家长本身没有求知求学的愿望，也不懂得教育子女的正确方法，对子女采取放任自流的态度。而有些家长望子成龙、望女成凤，对孩子要求过高，加重学生的学业负担。这两种家庭教育的方式都可能导致学生学习效率下降。

另外一方面，学校、教师的教育方法也是影响学生学习情绪的重要因素。个别教师的教育方法不得当，讽刺挖苦甚至训斥、处罚学生，使学生产生自卑和紧张的心理，缺乏成功和愉快学习的体验。学校片面追求升学率，加重学生的学业负担，抓尖子生而放弃个别学生的教育等都会影响学生的学习情绪。

②成就动机与学习效率。学生的学习与学习动机之间密切相关，学习动机是构成学习积极性的基本因素，是直接推动学生学习的一种内部动力。动机与学习是典型的相辅相成的关系，动机以增强行为的方式促进学习，而学到的知识反过来也增强学习动机。

国内外心理学家的研究证明：学生在课堂学习的主要动机集中反映在成就动机上。成就动机是在人的成就需要的基础上产生的，它是激励个体乐于从事自己认为重要的或有价值的工作，并力求获得成功的一种内在驱动力。例如，学生关心自己的考试效率在班级的排名、评不上三好学生而产生失落感等都是学生成就动机的体现。

在学习活动中，成就动机是一种主要的学习动机，教师可以通过激发学生的学习兴趣和求知欲来帮助学生获得较高成就的动机。当学生进入学习活动时，由于家庭、社会乃至学校中老师的问题，致使一部分学生对所学的知识缺乏一定的成就动机，也可能使有些学生形成了错误的学习动机，从而影响了学生的学习效率。

③人格发展与学习效率

人格是指决定个体的外显行为和内隐行为并使其与他人的行为有一定区别的综合心理特征。学生的人格发展是否与学生的学习效率有密切的关系呢？通过分析学生的人格适应与适应不良就可以得出答案了。

所谓适应一般是指个体与社会环境的关系。如果一个学生能够正常地进行各种活动，能够积极地探究各种学习问题，那么他就具备了适应良好的健康人格。与适应良好的健康人格相反的是人格的适应不良。

所谓人格适应不良是指个体不能够很好地根据环境的要求改变自己，或积极地作用于环境并改造环境，由此产生的各种情绪上的干扰。

学生的人格适应不良与学生的学习效率有密切的关系，人格的适应不良往往表现为注意广度低、多动、故意滋事及人格不成熟等，这些问题会阻碍学生学习的努力程度，分散学生学习的注意力和坚持性。

因此，人格适应不良的学生对学习缺乏信心、常常逃避学习困难，有些学生甚至出现与教师对立、不合作的情况。从长远的角度来看，这些问题会影响学生的学习效率。学生具有健康的人格是他们进行有效学习的一个不可缺少的基础，健康的人格往往又是有效学习的必然结果。

学习者外部因素

（1）学校方面

①师生关系。和谐的师生关系是高质量课堂的前提。卢梭说过，"只有成为学生的知心朋友，才能做一名真正的教师"。教育首先应是温暖的，有人情味的，爱心、热心是责任心的源泉，只有热爱学生、尊重学生，才能使师生心灵相通，才能使学生"亲其师，而信其道。"

所以教师要深入学生，了解学生的兴趣、爱好、喜怒哀乐、情绪的变化，时时处处关心学生，爱护学生，尊重学生，有的放矢地帮助学生。让自己在学生的眼中不仅是一位可敬的师长，更是他们可亲可近的亲密朋友。当然，这并非说他们的缺点不可批评，可以听之任之，而是批评和表扬是出于同一个目的——爱护他们。

因而，批评的方式比批评本身更重要，要让他们不伤自尊心，人格不受侮辱。从内心让他们感到教师的批评是诚挚的爱，是由衷的爱护和帮助。只有这样，才能融洽师生之间的感情，使他们对教师产生好感，从而转移到学科的学习中来，自觉深入地进行学习。

②同学关系。一方面，保持愉快的心情，和同学融洽相处。每天有个好心情，做事干净利落，学习积极投入，效率自然高。另一方面，把个人和集体结合起来，和同学保持互助关系，团结进取，也能提高学习效率。

③教育环境。多设置与学生专业直接相关的课程。课程的一致化，使学生个性在学习上无法体现，不可避免地成为学生逃课的理由。所以必须进行课程改革，加强市场经济条件下具有地方色彩的课程建设，进行课程体系的调整、合并、重组，体现课程建设的宏观性，增加学生选择的余地，充分发挥学生学习的主观能动性，加强课程间在逻辑和结构上的联系，逐步形成一批教学质量高、有特色的优质

课程。

（2）家庭方面

①父母引导。都说父母是孩子的第一任老师，父母的一举一动都在深刻地影响着孩子性情的养成。孩子要提高学习效率当然也离不开父母的正确引导。父母既要做好启蒙老师，又要敢于当好孩子自主学习的"导航者"。

父母除了要对孩子在小学和初中阶段遗留下来的学习习惯和自主学习方法不足，除了进行"亡羊补牢"外，还必须精心设计科学培养孩子自主学习能力的路径，并加以"导航"。这样，才能使孩子逐步养成自主学习的习惯，形成自主学习的能力。

②家庭关系。很多人觉得，家庭关系不足以构成影响学习效率的因素，但是实际上，家庭关系是否和谐美好也是十分重要的一环。父母关系如果不和谐，会让孩子整天担心，以致孩子无法专心学习，学习效率当然也很难提高。而孩子和父母的关系如果不和谐也是同样的道理，孩子的心思都在家庭关系的处理上，根本无法专心学业，学习效率低下，学习自然而然会一落千丈。

③家庭环境。良好的家庭环境会给孩子一个良好的学习氛围，如果家里十分吵闹，会使孩子对家庭产生强烈的厌倦感，甚至不想回家。反之，如果家里安静和谐，会使孩子心绪宁静，安心学习。当孩子把注意力都集中起来学习时，学习效率自然也就提高了，长此以往，孩子不仅能提高学习效率，对待家庭的态度也会越来越好，整个家庭的和谐程度也会不断加深。

总之，提高学习效率并非一朝一夕之事，需要长期的探索和积累。他人的经验是可以借鉴的，但必须要充分结合自身的特点，养成良好的学习习惯，合理利用时间。特别要注意"专心、用心、恒心"等基本素质的培养。最后给同学们几点建议供大家参考：

①要有明确的学习目标。目标能给你指引方向，让你知道该做什么不该做什么。目标能给你提供动力，帮助你克服懒惰、战胜挫折，使你不断向目标努力。

②制定学习计划，提高学习效率。制定有效的学习计划是保证学习目标实现的一个重要前提。所有的学习目标都应体现在学习计划上，如果能按计划认真地做，那么一定能实现我们的学习目标。

③要学会合适的方法。聪明让人羡慕，勤奋让人敬佩，但没有合适的方法，这两者也不会使你达到理想的目标。

④注重知识联系。要注重新旧知识间的纵向联系，要注重相关学科间的横向联系，要注重课本知识与时事热点间的联系；等等都有助于提高学习效率。

⑤每天要保证足够时间的睡眠。充足的睡眠、饱满的精神是提高效率的基本要求。

⑥每天要坚持锻炼身体。没有一个好的身体，再大的能耐也无法发挥。因而，再繁忙的学习，也不可忽视放松锻炼。

⑦保持愉快的心情，和同学融洽相处。每天有个好心情，做事干净利落，学习积极投入，效率自然高。

⑧尊敬老师，在良好的师生关系下学习。

⑨关心父母，构建和谐的学习成长环境。

⑩学习要全神贯注，注意力集中，排除一切干扰因素。

12. 提高中学生学习效率的技巧

中学时代是人生的春天，是青少年长身体、长知识、形成人生观的一个十分重要的时期。明确为什么学习，怎样学习，是每一个中学生必须认清和学会的问题。

知识像海洋那样辽阔，像海洋那样浩瀚。一个人无论天资多高，精力多么充沛，毅力多么顽强，学习条件多么优越，也不可能把所有知识学到手。有的同学总想学到一切，要蔷薇也要雪。他们希望在一串串熟了的葡萄旁边，又开放着朵朵鲜花，可是，知识大海的守门老人告诉我们：这是不可能的呀！

知识时常需要更新，随着时间的流逝，知识可能会被遗忘，但获取知识的方法却不会被丢失。相传有一个人，巧遇一仙翁，仙翁点石成金送给他，但他不要金子，而要仙翁点石成金的指头。这个人为什么要指头呢？

因为他懂得，不管送自己多少金子，金子总是有限的，但如果有了点石成金的指头，那就可以随心所欲了。古人说："授之以鱼，只供一饭之需，授之以渔，则终身受用无穷"也是这个道理。毛泽东同志说过："学习是学习，学习的学习也是学习，而且是更重要的学习"。

学习方法是学习时采用的手段、方式和途径。学习方法是在学习过程中产生和运用的。掌握良好的方法是很重要的事，但又不是一件容易的事情，这需要付出艰苦的努力，需要持之以恒的精神。

只有每天坚持不懈，日久天长，学习才可能成为自觉的行为，从而掌握学习的主动权。所以，学习方法并不是什么捷径，它只是踏踏实实、刻苦学习的程序以及在这个学习过程中的各项具体措施。

近代学者王国维有段为世人常常引用的名言，"古今之成大事业、大学问者，必经过三种之境界。昨夜西风凋碧树，独上高楼，望尽天涯路，此第一境也；衣带渐宽终不悔，为伊消得人憔悴，此第二境也；众里寻他千百度，蓦然回首，那人却在，灯火阑珊处，此第三境也。"

第一境说的是要有信心，"独上高楼"，非信心不可；第二境说的是要有决心，"终不悔"实在是最大之决心了。第三境说的是要有恒心，"众里寻他千百度"，没有恒心，如何达得到？

古人说："凡事预则立，不遇则废。"智力相同的两个学生有无学习计划，直接影响到学习效果。科学地利用时间，在有限的时间内有计划地学习，这是科学学习方法的一条重要原则。所以学习缺乏计划性是成绩难以提高的主要原因之一。

要提高学习效率，变被动学习为主动学习，做学习的主人，应把握几个步骤：

要抓好课前预习

在预习过程中，边看、边想、边写，在书上适当勾画和写批注。看完书后，最好能合上课本，独立回忆一遍，及时检查预习的效果，强化记忆。

同时，可以初步理解教材的基本内容和思路，找出重点和不理解的问题，尝试做笔记，把预习笔记作为课堂笔记的基础。

我国古代军事家孙武有一句名言："知己知彼，百战不殆。"这是指对自己和自己的对手有了充分的了解之后，才可能有充分的准备，也才可能克敌制胜。

预习就是"知己知彼"的准备工作，就好像赛跑的抢跑。虽然赛跑规则中不允许抢跑，但是在学习中却没有这一规定，不但允许抢跑，而且鼓励抢跑。做好预习学习，就是要抢在时间的前面，使学习由被动变为主动。

简言之，预习就是上课前的自学，也就是在老师讲课前，自己先独立地学习新课内容，使自己对新课有初步理解和掌握的过程。预习抓得扎实，可以大大提高学习效率。

要掌握听讲的正确方法

处理好听讲与做笔记的关系，重视课堂讨论，不断提高课堂学习效果。学生必须上好课、听好课，首先做好课前准备，包括心理上的准备、知识上的准备、物质上的准备、身体上的准备等。其次要专心听讲，尽快进入学习状态，参与课堂内的全部学习活动，始终集中注意力。再次要学会科学地思考问题，不要只背结论，要及时弄清教材思路和教师讲课的条理，要大胆设疑，敢于发表自己的见解，善于多角度验证答案。最后要及时做好记录，比如各种标记、批语，有选择地记好笔记。

上课是学生在学校学习的基本形式，学生在校的大部分时间是在课堂上度过的。学习成绩固然取决于多种因素，但如何对待每一堂课则是关键因素。要取得较好的成绩，首先就必须利用课堂上的*45*分钟，提高听课效率。

听课时应做到以下四点：

（*1*）带着问题听课；

（*2*）把握住老师讲课的思路、条理；

（*3*）养成边听讲、边思考、边总结、边记忆的习惯，力争当堂消化、巩固知识；

（*4*）踊跃回答老师提问。

要及时进行课后复习

针对不同学科的特点，采取多种方式进行复习，真正达到排疑解难、巩固提高的目的。

课后要复习教科书，抓住知识的基本内容和要点；尝试回忆，独立地把教师上课内容回想一遍，养成勤思考的好习惯；同时整理笔记，进行知识的加工和补充；课后还要看参考书，使知识的掌握向深度和广度双向发展，形成学习上的良性循环。

复习是预习和上课的继续，它将完成预习和上课所没有完成的任务，这就是在复习过程中达到对知识的深刻理解和掌握，在理解和掌握知识的过程中提高运用的技能技巧，进而在运用知识的过程中，使知识融会贯通，举一反三，并且通过归纳、整理达到系统化，使知识真正消化吸收，成为自己知识链条中的一个有机组成部分。

在复习过程中，既调动了大脑的活动，又提高了分析问题和解决问题的能力，知识也在理解的基础上得到巩固记忆。从某种意义上讲，知识掌握如何，由复习效果而定。

要正确对待作业

独立思考、认真作业、理解提高是学生对待作业的正确态度。首先要做好作业的准备工作，把预习、上课、课后复习衔接起来；其次要审好作业题、善于分析和分解题目；再次要理清解题的思路，准确表达，独立完成作业；最后要学会检查，掌握对各学科作业进行自我订正的方法。

俄国作家列夫·托尔斯泰说过："知识只有当它靠积极思维得来的时候，才是真正的知识。"无论学哪一门功课，课堂上老师讲的，笔记本上记的，课外阅读的……都是书本上的知识，要把它们转化为自己的知识，使自己能够白如地运用，就必须通过作业实践来转化。

究竟为什么要做作业呢？作业的作用主要有：①检查学习效果；②加深对知识的理解和记忆；③提高思维能力；④为复习积累资料。

在作业时，"审题"是非常重要的。怎样审题呢？①要看得（理解）准确。失之毫厘，差之千里。②要善于解剖。深刻领会其中的含义。③要把握联系。运用相关知识解析之。

进行课外学习

要逐步掌握科学的学习规律，包括打好基础，循序渐进，温故知新；搞好课外学习，包括主动进行课外阅读，参加课外实践活动；

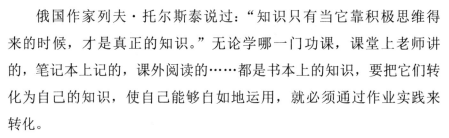

要掌握正确的课外学习方法，如泛读法、精读法、深思法；要掌握读书要求，比如，博专结合、读思结合、学用结合、逐渐积累、持之以恒等。

课外学习能有效地使课内所学知识与社会生产实践、生活实际密切地联系起来，帮助同学们加深对课内所学知识的理解，扩大文化科学知识的眼界，拓宽思路，激发求知欲望和学习兴趣，培养自学能力与习惯，增长工作才干。这也就是常说的："课内打基础，课外出人才"。

总之，课前要抓好预习，课中听讲要领悟学法，课后完成作业要巩固学法，课外学习要运用手法，还要不断总结优化学法，努力探索适合自己个性的学习方法，为培养创造才能打下坚实的基础。

13. 提高高中生学习效率的方法

案例一

（1）学生自述

我认为，要提高学习效率，首先便是提高上课的效率。记住，老师上课的细节千万不要漏掉，许多考试都在这些细节上会难倒你的，而这些细节往往是老师兴致所致，上课处于极好状态时，将大脑中的那些知识点下意识地说出来，且常常不书写在黑板上的。捕捉这些细节，往往会提高你上课的注意力及效率和知识面。

利用好了课堂上 45 分钟，下课后无须过多时间就能熟练掌握，事半功倍，做题复习效率也极高；反之只能事倍功半，花去大量时间，还容易丢三落四，知识掌握不完全，不熟练，对做题和今后复习造成隐患。

当然，我不是说整个听课和学习时间，神经都要绷得紧紧的，而是要紧跟老师的思路，抓住知识要点。不管是听课还是自习，都要一心一意。对于注意力极易分散的人，学习效率的提高就比较困难了。而且必须注意知识的前后承接，一旦前面掌握不好，容易造成恶性循环，所以学习效率高是建立在扎实的基础之上的。

高中阶段，过多的自学往往会使自己失去更多的东西，所以我不赞成高中过多的自学。当然更重要的是抓紧时间了。在学习时，如果能够只想到学习，并且比如做数学题只想到数学，而不想到物理、化学等就一定会对学习有帮助。但我更认为，学习效率是培养出来的，是后天的一种习惯。学习上的高效率是思路开阔，思维敏捷，有充分自信心的结果。

我从小就有这种习惯：在复习功课时，喜欢多看参考书，广纳各家思想，尤其像《中学生数理化》这样教做题思路、方法的杂志，我都是十分注重的。因此，很长时间的积累之后，我的学习视野开阔了，思路多样了，思维敏捷了。

于是，对我的学习起了极大的促进作用，学习效率自然提高，学习兴趣增加，专心程度自然也增加，学习效率自然又更进一步提高。这样的良性循环对自己来说，当然越来越有利了，学习当然不再成为负担，而是兴趣和乐趣了。

（2）老师点评

该同学实际上强调的是"专心"和"兴趣"对学习效率的主导作用。大家从小学到初中再到高中，对"专心学习"想必都会有较为深刻的认识。

案例二

（1）学生自述

如何提高学习效率？这是特别需要强调说明的一个问题，它也是能不能学好知识的关键。效率指对时间的利用率，学习效率高的人不会让每一分钟闲过，不会总犹犹豫豫：这道题该不该做？这个难点该不该问？这个知识讲过没有？讲了就看，没讲又怎么办？由此学习效率的高低是显而易见的。

大家同在一个屋檐下学习，都坐在书桌前，可是有的同学专心致志、全神贯注、笔耕不辍，解决了一个又一个问题，攻破了一个又一个的难点。还有的同学坐着，一会儿找一本题做做，碰了钉子又换另一本题做，再咬着笔头发发愣，看看表还有多久下课。

或许这些都是无意识的，可是仔细想想，难道不曾发生过吗？这样的学习效率只会受到时间的嘲讽。显然，只有效率高，才能在有限的时间内学到更多的东西，才会有更多的思考去认识和理解问题。

怎么才能提高学习效率呢？我想至少应该做到这样两方面的内容：

第一，要精神高度集中。这是提高学习效率的前提条件，学习的时候就应该全神贯注、心无杂念，不要一边看书，一边想着球赛的战况，想着午饭吃什么，想着笔尖是不是歪的。

时间飞逝而过，发会儿愣、看会儿书是很容易骗过自己的，可当下课后翻翻书、看看本子，反而纳闷了：怎么看了半天一无所获呢？所以要把精力集中在本上、书上、笔上，全身心地投入进去。

第二，要有良好的学习习惯。有了良好的学习习惯才能更好地利用时间，更大地提高学习效率。怎样才是好的学习习惯呢？这是因人而异的。总之，所有对学习有利的习惯，就是好习惯。

这里我有一些学习习惯可以给大家参考：

①英语每天必练、必读，而且一定要读出声来，多读才能有好的语感。

②对物理化学的常规题要做出速度来，不妨经常试试一个小时能做出多少题来。

③数学的计算是难免出错的，应特意找一些烦琐的计算来锻炼耐心与能力。

④对整套的题，不要挑三拣四的，规定自己在两个小时内完成。认真对待，如考试一般核对计分总结，会有很大的收获。

⑤习惯于请教老师，与同学切磋，这是提高水平的好方法，但一定要三思之后。三思是有含义的，一个问题琢磨不透，可暂时放一段时间，学习其他内容，也许回过头来便迎刃而解了。这就是"触类旁通"的道理。

如还不明白，再去请教，这样印象才会深刻。诸如此类的学习方法还有很多，同学们可自己探索。提高学习效率是每个好学生都应时刻铭记的。

（2）老师点评

踏实的学习习惯，是提高学习效率的重要途径。有的同学东一榔头，西一棒槌，没有条理，只会愈加浮躁。在自我的学习中，建立一种"秩序"，是很有必要的。

案例三

（1）学生自述

怎样提高学习效率呢？要提高学习效率，首先要搞清自己的生理规律和有关外因，合理地安排学习的时间、地点和内容。拿我来说，早晨适合记忆、背诵，下午适合理解疑难问题，晚上适合巩固知识和进行联想式复习。

一天之中，有三个睡眠高峰：一是上午九点，正是课间操时间，我用来闭目养神；二是下午一点，正好午睡；三是晚上十点多，上床休息。

我平时不在家复习功课，家中太吵，家里人有他们说话做事的自由，不能因为你一个人的学习限制别人的自由。教室里学习气氛好，我可以迅速进入角色。有时，我去学校附近幽静的山林，大声朗读英语或者诗词，或者拉一个同伴互相问有关内容。既不被人干扰也不干扰别人。

要提高学习效率，切记要"张弛结合"。"不会休息的人就不会学习"，一定要保证睡眠充足，也别忘了体育运动。高三时也许抽不出整天的时间来锻炼，那就抓紧零碎的时间。比如，跑步上学或回家；课间跳绳、踢毽子；体育课上打乒乓……这样锻炼了体魄，不至于因为感冒、发烧等小病耽误学习，同时放松了神经，起到一定的调节作用。

要提高学习效率，可以在独自钻研之余请教师友，共同探讨。"只学不问，不是学问。"在阐述自己见解的过程中，你可进一步理清思路，修补漏洞；在倾听别人的过程中，不仅可学到"死"的方法，还可启发"活"的思路，想出更高明的招儿。回忆高三，和同学、老师之间的探讨，曾给孤军奋进的学习生活带来多少乐趣！

要提高学习效率，有时也需要一点"好读书，不求甚解"的观念，不去钻牛角尖，死胡同。特别是英语、语文，有些"只能意会，不可言传"的东西，更忌生搬硬套，死纠不放，浪费时间和精力。

要提高学习效率，在平时做作业时也要自己规定一定的时间限制，尤其是考试时感觉时间紧张、不够用的同学，平常就要训练自己，加快做题速度。

（2）老师点评

该同学的"不求甚解"观点，是有关学习效率的一个重要方面。

在学习中，我们千万不要死钻"牛角尖"。有的同学为了弄懂一个定理的来龙去脉，广泛查阅各种资料，有的同学则非要对某一原理提出质疑，甚至想方设法力求推翻它。

切记：这种探求精神是对的，但对于面临高考的学生来说，无疑是"不知轻重缓急"的做法，白白耽误了宝贵的学习时间。做人必须"务实"一些。

案例四

（1）学生自述

如何提高学习效率呢？我有以下几点建议：

第一，不妨给自己定一些时间限制。连续长时间的学习很容易使自己产生厌烦情绪，这时可以把功课分成若干个部分，给每一部分限定时间。

例如，一小时内完成这份练习、八点以前做完那份测试等，这样不仅有助于提高效率，还不会产生疲劳感。如果可能的话，逐步缩短所用的时间，不久你就会发现，以前一小时都完不成的作业，现在四十分钟就完成了。

第二，不要在学习的同时干其他事或想其他事。一心不能二用的道理谁都明白，可还是有许多同学在边学习边听音乐。或许你会说听音乐是放松神经的好办法，那么你尽可以专心地学习一小时后全身放松地听一刻钟音乐，这样比戴着耳机做功课的效果好多了。

第三，不要整个晚上都复习同一门功课。我以前也曾经常用一个晚上来看数学或物理，实践证明，这样做非但容易疲劳，而且效果也很差。后来我在每晚安排复习两三门功课，情况要好多了。

除了十分重要的内容以外，课堂上不必记很详细的笔记。如果课堂上忙于记笔记，听课的效率一定不高，况且你也不能保证课后一定会去看笔记。课堂上所做的主要工作应当是把老师讲的课消化吸收，适当做一些简要的笔记即可。

（2）老师点评

该同学谈到了有效利用有限时间的观点，诚然，高效的学习就应该在有限的时间内尽可能地学到很多知识，当然这些知识一定要能记住、记牢。

案例五

（1）学生自述

学习效率这东西，我也曾和很多同学谈起过。我们经常看到这样的情况：某人学习极其用功，在学校学，回家也学，不时还熬熬夜，题做得数不胜数，但成绩却总上不去。其实面对这样的情况，我也是十分着急的，本来，有付出就应该有回报。

而且，付出得多就应该回报得多，这是天经地义的事。但实际的情况却并非如此，这里就存在一个效率的问题。效率指什么呢？好比学一样东西，有人练十次就会了，而有的人则需练一百次，这就是效率的问题。

如何提高学习效率呢？我认为，最重要的一条就是劳逸结合。学习效率的提高最需要的是清醒敏捷的头脑，所以适当的休息、娱乐不仅仅是有好处的，更是必要的，是提高各项学习效率的基础。

那么上课时的听课效率如何提高呢？以我的经历来看，课前要有一定的预习，这是必要的，不过我的预习比较粗略，无非是走马观花地看一下课本，这样课本上讲的内容、重点大致在心里有个谱了，听起课来就比较有针对性。

预习时，我们不必搞得太细，如果过细一是浪费时间，二是上课时未免会有些松懈，有时反而忽略了最有用的东西。上课时认真听课当然是必须的，但就像我以前一位老师讲的，任何人也无法集中精力整整一节课，也就是说，让一个人连续四十多分钟不走神，是不太可能的，所以上课期间也有一个时间分配的问题，老师讲一些我很熟悉的东西时，就会适当地放松一下。

另外，记笔记有时也会妨碍课堂听课效率，有时一节课就忙着抄笔记了，这样做反而会忽略一些很重要的东西，但这并不等于说可以不抄笔记，不抄笔记是不行的，人人都会遗忘，有了笔记，复习时才有基础，有时老师讲得很多,在黑板上记得也很多,但并不需要全记，书上有的东西当然不要记，要记一些书上没有的定理定律，典型例题与典型解法，这些才是真正有价值去记的东西。否则见到什么记什么，势必影响课上听课的效率，得不偿失。

做题的效率如何提高呢？最重要的是选"好题"，千万不能见题就做，不分青红皂白，那样的话往往会事倍功半。题都是围绕着知识点进行的，而且很多题是相当类似的，先选择想要得到强化的知识点，然后围绕这个知识点来选择题目。

题量并不需要多，类似的题只要一个就足够，选好题后就可以认真地去做了。做题效率的提高，很大程度上还取决于做题之后的过程，对于做错的题，应当认真思考错误的原因，是知识点掌握不清还是因为马虎大意，分析过之后再做一遍以加深印象，这样作题效率就会高得多。

（2）老师点评

该同学对于听课和做题的建议，实际上反映了提高学习效率的一个重要方法，可以概括为"把劲儿使在刀刃上"，即合理分配时间，听课、记笔记应抓住重点，做习题应抓住典型，这就是学习中的"事半功倍"。

案例六

（1）学生自述

提高学习效率，就是提高成绩的关键。安排复习计划，其实就是提高学习效率很重要的一点。合理地安排好时间，大脑可以随时得以调整，最大限度地调动起积极性，比如说一个上午的时间全用来做英语的话，大脑最后势必会疲惫不堪。

这时，若是能够很及时地改为做数学的话，对大脑是一种新的刺激，不但可以保持同样高的效率，也是另一种形式的休息。良好的睡眠、经常的体育锻炼同样能帮助我保持充沛的精力，这对提高学习效率起着重要的作用。

高三这一年，我有一个很深的体会，每个人都有着很大的潜力，关键是要战胜自己的惰性。比如老师发下来一份很难的试卷，不要求当堂上交的话，这时一定有同学已做好了思想准备，白天做不完，晚上就熬一会儿夜，反正题目很难自然要多花一点时间。殊不知一旦产生了这种念头，大脑就在不自觉中懈怠下来了，结果这份题果真花了很长时间才完成。而若是在一次重要的考试中来做这份题的话，我想大多数人是能按时完成的。

因为这时的大脑是处在高度兴奋中，答题时会调动自己最大限度的能力，我想，这其中的对比就体现了惰性这个问题。一些同学学习很辛苦，却收效并不显著，或许这是一个不容忽视的原因吧。

（2）老师点评

克服惰性是挖掘个人潜力的关键。正如这位同学的建议，在主观上为自己限制时间，把每一份练习试卷都当作高考，是很有必要的做法。

建议做题一向比较慢的同学，在答卷时保持这种带有高考现场感的"满负荷"状态，你会对自己的潜能有新的认识，而且会发现自己的学习时间在"增多"。

案例七

（1）学生自述

　　我认为学习应该看重学习效率，而不在于时间，这一点对于高三的学生来说尤其重要。人的大脑就像一台机器，如果让一台机器长时间地工作，它的工作效率就会越来越低。

　　同样，如果一个人长时间使用大脑而不让它休息，它的效率也会降低。最后，你用两个小时学的东西，不如大脑兴奋时半小时所学的东西多。

　　讲到这里，大家也许会问如何提高效率，其实提高学习效率的方法很多，它需要各个方面共同作用，才能达到良好的效果。

　　让大脑有充分的时间休息，这是提高学习效率的必要前提，大脑如果没有充分的休息，它的内部细胞往往部分地处于半睡眠状态，而不能活跃起来，为了使大脑充分活跃起来，达到兴奋状态，必须要有充分休息的时间，否则，要想提高学习效率，只是一句空话。

　　如果一个人长时间做一件事，往往易于疲劳，而当换成另一件事情时，他马上会产生浓厚的兴趣，也许这就是人们常说"喜新厌旧"的坏习惯，人的大脑有同样的坏毛病。因此，在学习的过程中，首先要了解到这一点。在长时间学习某科目后，要适当换一下课程，改变一下自己的思维方式，这对提高学习效率是大有益处的。

　　例如，在你做了很长时间的数学题后，不妨试试学习一下英语，背些单词，变抽象的数学思维为记忆思维，这往往会收到良好的效果。但这里所说的"科目更换"不是那种频繁地更换，频繁地更换学习科目，实际上是浪费时间，根本学不到东西。

　　有时也常常会出现这种情况，在你更换科目后，仍然感觉自己的大脑达不到兴奋状态，这时就可以确定你的大脑确实累了，应该让它临时地休息一下。

　　（2）老师点评

　　该同学很好地分析了时间在"量"和"质"方面的关系，我们所说的提高学习效率，就是要在有效的时间内学足、学精，达到学习充实和快乐的境界。

案例八

（1）学生自述

高中三年转瞬即逝，升学竞争激烈，学习压力很大，许多同学会感到时间不够用。"抓紧时间"成了教师、父母督促我们学习的口头禅。时间确实必须抓紧，其中的道理毋庸赘述，但我觉得更应引起我们注意的，是如何发挥单位时间内的学习效率。

要提高学习效率，首先一条，就是要学会培养自己的意志力。无论是听课还是阅读，都要集中自己的注意力，不让各种杂念来扰乱自己的思想，认真进行思考。我家对门就是歌舞厅，一到夜晚，管弦之声不绝于耳，父母很担心这会影响到我的学习。

但是，我只要往书桌前一坐，对各种喧嚣之声就可听而不闻。有的同学上课不注意听讲，课余花了几倍的时间来理解、消化；有的同学自习时心猿意马，几小时过去了，却不知究竟有什么收获。

对于这些同学来说，要把学习搞好，首先就是要养成良好的习惯。学习时一定要专心致志，要全身心投入，专心致志地学习两个小时，比有时漫不经心地学习四小时的效果还显著。

其次，要特别注意提高做题的速度，锻炼思维的敏捷性。这既是为了提高学习效率，也是高考实践的需要。要分秒必争，能够两个小时做完的题目决不拖到三个小时，宁可把节余下来的一个小时用来休息、娱乐，也不要养成拖拉、疲沓的坏习惯。

我在高中准备参加数学竞赛时，自己找了大量的习题做，每次做完，都在练习本上记下花费的时间，其目的是检验自己的熟练程度，训练自己以适应正式竞赛的时间要求，我参加全国数学冬令营第一天的竞赛，4个半小时的题量，只用了一个多小时就完成了，这就是平时练习时特别注意培养思维敏捷性的结果。

我们知道，每次高考时，总有考生感到时间不够用，因此，加强解题速度方面的训练就显得很有必要。还有，学习要充分发挥自己的主观能动性。由表及里，由浅入深，不要搞简单的重复、不要把大量的时间用在做简单的习题上，不要搞所谓的"题海战术"，而应抓住重点、难点，做到举一反三、触类旁通。

正确认识记忆与遗忘的规律，也是提高学习效率的一个重要途径。高中阶段，英语单词、古代汉语、数理化公式、定理等，很多东西都需要熟记。有些同学总说"记不住"，其中一个重要原因，是不懂得记忆的规律与方法。

从心理学的角度来说，识记（记忆）分无意识记与有意识记两种，对于系统的知识，特别是系统的科学知识，绝不是单凭"无意识记"就能掌握的。在事前有明确的目的，并在进行中做出积极的努力，才是"有意识记"。

也就是说，集中注意地、自觉地和积极思考着阅读两遍课文，比漫不经心地读十遍课文记得还多。识记不能一劳永逸，巩固识记的基本条件是复习。需要懂得遗忘的规律是先快后慢。在识记之后，遗忘一开始是很快的，后来速度就放慢了。

经验表明，熟记一种材料之后，在前五天忘的量必定比后五天要大。根据这一规律，我们完全可以与遗忘作斗争。即复习次数应先多后少，这样事半功倍。好比面对一个堤坝，我们应该在它发生渗漏时及时加固，而不要等它崩塌之后再来重建。要预防遗忘，只要粗略地复习就够了，但要恢复已经遗忘的记忆，就需要花很多的工夫。

在学习上，还要注意避免记忆上的干涉作用。如刚学完历史，不休息又去学语文，语文对刚刚学的历史，会产生记忆上的干涉作用。因此，针对这种情况，第一是最好在时间上把两种内容近似的学科错开，第二是不能错开时，最好在中间安排小段休息时间，往往有十分钟也就够了。这样做可以提高学习效率，减轻大脑疲劳。

（2）老师评语

该同学能够认识到高三学习的重要性，真是难能可贵。与此同时，他根据自身经历提到的提高学习效率的方法，具有比较好的实际效用。

案例九

（1）学生自述

学习效率是决定学习成绩的重要因素。那么，我们如何提高自己学习效率呢？

第一，要自信。很多的科学研究都证明，人的潜力是很大的，但大多数人并没有有效地开发这种潜力，这其中，人的自信是很重要的一个方面。

无论何时何地，做任何事情，有了自信，就有了一种必胜的信念，而且能使人很快就摆脱失败的阴影。相反，一个人如果失掉了自信，那他将会一事无成，而且很容易陷入自卑。

第二，要学会用心。学习的过程，应当是用脑思考的过程，无论是用眼睛看，用口读，或者用手抄写，都是作为辅助用脑的手段，真正的关键还在于用脑子去想。

举一个很浅显的例子，比如说记单词，如果你只是随意地浏览或漫无目的地抄写，也许要很多遍才能记住，而且不容易记牢，而如果你能充分发挥自己的想象力，运用联想的方法去记忆，往往可以记得很快，而且不容易遗忘。

现在一些快速记忆英语单词的方法，也都是强调发挥用脑联想的作用。可见，如果能做到集中精力，发挥大脑的潜力，一定可以大大提高学习的效果。

另一个影响学习效率的重要因素是人的情绪。我想，每个人都曾经有过这样的体会，如果某一天，自己的精神饱满而且情绪高涨，那么在学习一样东西时就会感到很轻松，学得也很快，其实这正是因为学习效率高。因此，保持自我情绪的良好是十分重要的。

我们在日常生活中，应当有较为开朗的心境，不要过多地去想那些不顺心的事，而且我们要以一种热情向上的乐观生活态度去对待周围的人和事，因为这样无论对别人还是对自己都是很有好处的。这样，我们就能在自己的周围营造一个十分轻松的氛围，学习起来也就感到格外有精神。

第三，要合理利用时间。要充分、合理地利用课堂上的时间，课堂45分钟，是老师灌输知识的时候，应该说是我们学习知识最容易、最高效的时候。

古语说"听君一席话，胜读十年书。"就是这个道理。这时候，应该做到分秒必争。成绩最好的同学，往往是上课最会听讲的同学。那种认为课内损失课外补，课上稀里糊涂，课后加班加点的做法，其实是最不明智的。

具体地讲，合理利用课堂上的时间，就是在有限的课堂时间里，学到尽量多的知识。因此，一般的做法是课前预习，勾画出难点、疑点，做到心中有数；课上认真听讲，积极思考，善于思考，适当做笔记；课后适时作复习，温故知新。

关于笔记，要依个人习惯而定，对基础较好的同学，完全可以不做笔记或只记难点。另外每天下课后，用两三分钟回想一下这堂课到底学了些什么。长期坚持下去，必将受益无穷。

（2）老师点评

该同学对于提高学习效率问题，说了很实际的三点建议，很好。对于每一位学生来说，时间都是每天24小时、每年365天。而要在对大家都公平的时间里，收获更大的进步，则要看你是否会合理地利用时间了。

案例十

（1）学生自述

很多学生看上去很用功，可成绩总是不理想。原因之一是学习效率太低。同样的时间内，只能掌握别人学到知识的一半，这样怎么能学好？学习要讲究效率，提高效率，途径大致有以下几点：

第一，每天保证8小时睡眠。晚上不要熬夜，定时就寝。中午坚持午睡。充足的睡眠、饱满的精神是提高效率的基本要求。

第二，学习时要全神贯注。玩的时候痛快玩，学的时候认真学。一天到晚伏案苦读，不是良策。学习到一定程度就得休息、补充能量。学习之余，一定要注意休息。

但是，学习时一定要全身心地投入，手脑并用。我学习的时候，常有陶渊明的"虽处闹市，而无车马喧嚣"的境界，只有我的手和脑与课本交流。

第三，坚持体育锻炼。身体是学习的"本钱"。没有一个好的身体，再大的能耐也无法发挥出来。因而，再繁忙的学习，也不可忽视放松锻炼。有的同学为了学习而忽视锻炼，身体越来越弱，学习越来越感到力不从心。这样怎么能提高学习效率呢？

第四，学习要主动。只有积极主动地学习，才能感受到其中的乐趣，才能对学习越发有兴趣。有了兴趣，效率就会在不知不觉中得到提高。

有的同学基础不好，学习过程中老是有不懂的问题，又羞于向人请教，这样无法提高学习效率。这时，唯一的方法就是向人请教，不懂的地方一定要弄懂，一点一滴地积累才能进步。如此，才能逐步地提高学习效率。

第五，保持愉快的心情，和同学融洽相处。一方面，每天有个好心情，做事干净利落，学习积极投入，效率自然高。另一方面，把个人和集体结合起来，和同学保持互助关系，团结进取，也能提高学习效率。

第六，注意整理。学习过程中，把各科课本、作业和资料有规律地放在一起。待用时，一看便知在哪。而有的学生查阅某本书时，东找西翻，不见踪影。时间就在忙碌而焦急的寻找中逝去。我认为，没有条理的学生不会学得好。

（2）老师点评

学习效率的提高，很大程度上取决于学习之外的其他因素，这是因为人的体质、心境、状态等诸多因素与学习效率密切相关。

第二章

学生提高学习效率技巧方法

心理分析法

（一）

首先来看个故事：

从前，有个财主家少爷看《三国演义》，当看完"吕布戏貂蝉"那一段后，心想要是能见一见貂蝉有多好呀。想来想去，日久天长，就得了相思病，不吃不喝，面黄肌瘦。他父母忙请医生给他治疗，请了好几个名医，吃药扎针均不见效。

这天他父亲又请来一位医生。这医生来后看了少爷的脸色，摸了脉，觉得这少爷没有什么病，便坐在病人跟前思考怎样治才对。医生正思考着，忽然看见病人身旁有本书，拿起来一看是本《三国演义》，打开一看，前后都是新的，只有"吕布戏貂蝉"这几页被翻得破破烂烂。医生顿时明白过来，这少爷正值壮年又未娶妻，这段书的内容肯定与他的病有关，于是他想了个办法来试试。医生站起身来对财主说："你儿子的病先别开方吃药，我家有药，明天我带上药来给他治。"说完就告辞走了。

医生回到家里，找来了一个八九十岁的老太婆，说："明天，你跟我出一趟门，路不远，回来后给你钱，不会让你白跑一趟。"老人同意了。

第二天，医生带上老人到这家门口，医生让老人在门口等他一下，他进去说句话就来。老人在门口等着，医生进去，财主家一见医生来了，赶紧领他到儿子病房。医生对生病的少爷说："我今天来看看你，顾不得为你治病，因为貂蝉让我跟她出一趟门，她还在外边等着我呢。"

这少爷一听貂蝉在外面，赶紧坐起来说："快领进来让我看看。"医生心想对症了，就把老人领了进来。少爷一看，忙问道："这就是貂蝉？"医生说："她年已老，年轻时是有名的美女子。"少爷看到貂蝉已老成这样，就死了心，没过几天病就好了。

这个医生把少爷的病治好了，他没有用钱，也没有用药，他用的是心理分析法。所谓心理分析法，就是对别人的心理进行分析，从而释疑解惑、解决问题的一种动脑思考方法。因为人们在心理上常常会产生一些疑问或不愉快，有时遇到的问题带有隐蔽性、伪装性，从正面采用常规的方法来解决较困难，"心病还需心药医"，只有采用"攻心为上"的策略才能快捷地解决问题。因此，心理分析法也是常用的一种思考方法。

我国封建时代缺乏先进的侦破理论和技术，破案主要依靠办案人员的机智，很多情况下正是运用心理分析的动脑方法。请看下面这个故事：

宋代理学家陈襄当县令的时候，有一天他刚吃完早饭，就听见大堂上鼓点儿咚咚地响个不停，便传令升堂。

击鼓人原来是一个满头白发的老人，他浑身哆嗦着，跪在地上哭诉："禀告县太爷，我是本县刘家堡人，叫刘阁。昨天夜里，有盗贼翻墙进入我家，偷走了我家供奉了三代的一尊金佛，我今天早晨才发现。青天大老爷，请求您一定抓住盗贼，那金佛可是我家的传家宝啊。"

陈襄让老人别急，又详细询问了金佛供在什么地方，都有什么人知道等问题。然后，他对老人说："你先回家吧，待我捉拿盗贼！"于是传令捕役把刘家堡附近有偷鸡摸狗恶习的人和老人的几家近邻全部传来，逐一盘问。可是，从上午间到下午，没有一个人承认偷了金佛。陈襄自己也问得口干舌燥、精疲力竭了。他退回寝室，想喝杯茶休息一会儿。刚刚坐定，一个念头就涌了出来，他急忙吩咐差役如此这般……

紧接着，陈襄走进公堂，把嫌疑犯叫在一起，对他们说："今天已经很晚了，本该让没偷金佛的好人回家吃饭，可到现在，本官仍没搞清到底谁是偷金佛的人。这样吧，文殊院有口铜钟，它很有灵性，偷了东西的人手一碰到它，就会发出嗡嗡的声音，没偷东西的人手却怎么摸也不响。我们这就去摸一下那钟，便自有答案。若谁也摸不响，那就是盗贼不在你们中间，我就可以把你们全放走了。"

他带着这些人来到文殊院，铜钟已被差役移到一个石凳上，周围是一个用黑布围成的帐子，铜钟被围在里面严严实实的，透不进一丝光线。陈襄虔诚地拜了佛，又在帐子前烧上几炷香，嘴里念念有词地祈祷了一阵，便让嫌疑人逐个进入帐内摸钟。

所有人都摸了一遍，钟还是没响。众人看着陈襄，等他发话释放。陈襄用眼睛扫视了一圈，问道："每个人都摸过了吗？还有人没摸吗？""都摸过了。"大家异口同声地答道。"好，那就都把双手伸出来，我要看看。"

人们纷纷伸出双手，几乎每个人都发现自己手上沾了黑墨，再看别人的手，人们不由地把目光都集中到一个叫刘财的人身上，只有他的双手白白净净。陈襄一笑，对人们说："手上有墨的人可以回家了。"他又指着刘财严厉地说："偷金佛的人正是你，快快从实招来。"

刘财是刘阁老人的邻居，他争辩道："我冤枉，凭什么说我是贼？你的证据呢？"陈襄一把抓住他的手："那钟是谁也摸不响的，可它上边涂了墨，所有的人里只有你一个手上没沾墨，说明你做贼心虚，不敢去摸，这恰恰证明金佛是你偷去的，怎么还敢抵赖！"这时，刘财像个泄了气的皮球，低下头去，乖乖地承认了自己的罪行。

这桩盗窃案的破获，是陈襄较好地运用了心理分析法，他抓住盗贼做贼心虚的心理，故作姿态，引盗贼上钩。

（二）

在运用心理分析法时，应注意哪些问题呢？

第一，要认真了解情况，找出原因。这是心理分析法的基础。

唐朝时，京城有个著名医生叫徐谋。一天，有个妇人因误食一只虫子，心里一直犯疑，时间长了形成了疾病，经多方治疗都不能痊愈，于是请来徐谋为她治病。徐医生经过一番询问后，找到了她患病的原因，就在这个妇人的姨母、奶妈中找了一个能严守秘密的老太太，并告诫她："今天我用药让病人呕吐，她吐时，请你用痰盂接着，并告诉她，口中有一只虫子吐出来了。但切不能让病人知道这是在诓骗她。"老太太照他的话办了，那妇人的疾病果然从此断了根。徐谋之所以能运用好心理分析法，就在于他找到了病人的病因。

第二，开动脑筋，认真想出解决心理问题的最佳方案。由于心理问题的形成是比较复杂的，所以解决的方法也应多种多样，没有一个统一的办法。因此必须多动脑筋，认真思考，想出多种办法，从中筛选解决这个问题的有效方案，做到"一把钥匙开一把锁"。

许多年前，在同一个村里住着两个医生，村东头那个姓王，村西头那个姓张。因为张医生看不起王医生，所以两人虽是同行也很少来往。

王医生家里比较贫穷，学问也不大，可他很有钻研劲，又时常向同行请教。他看病不摆架子，这样一来，找王医生看病的人越来越多了。

张医生恰恰相反。他家里很富裕，读的书多，又受过名师指教，医术比较高。但他很傲气，自以为了不起，看病爱摆架子。这样，日子一长，找他看病的人就越来越少了。

张医生眼看着王医生的药铺越开越红火，自己的药铺却越开越冷清，心里十分恼恨。他恨王医生，为这事，他气得吃饭不香，睡觉不安，竟气成病了。

张医生卧病在床，吃什么药都不见好转，病得越来越重。他儿子到处跑着给他请名医。每一个医生来看病，总免不了要问张医生的药铺生意如何，只要一提到生意，就触到他的气处。所以每看一次病，他就增添了一分气，方圆几百里有名的医生都请遍了，他的病却越来越厉害。他儿子百般无奈，只好和他商量说："还是叫东头王医生给你看看吧。"

张医生一听就火了，说："我的病就是生他的气而得的，请他给我看病，你是嫌我死得慢啊！"

他儿子嘟哝着说："要是不请他看，那只得硬挺着啦……"

常言道，人到病重最怕死。张医生叹了口气，不吭声了。

张医生的儿子赶到王医生家，王医生心里虽然明白是怎么回事，但并不计较。他连忙来到张医生床前，开口就道歉说："张大哥身体不好，小弟一直没顾得上来看你，还请大哥多多包涵。"

张医生一声不吭，他把胳膊一伸，让王医生给他号脉。王医生把手按在床帮上闭眼号了一会儿"脉"，用手撑开张医生的眼皮看看，郑重其事地说："你这病是经血不调。我给你开服药吃，很快就会好的。"

王医生开罢药方，张医生接过来一看，直摇头。王医生笑了笑，说："噢，你怕吃药苦，是吧？那好，不吃药也行，贴一张膏药吧！"说着，随手从腰里掏出一张膏药，点着灯就烤。张医生翻了身，面朝里，露出脊梁让他贴。王医生见了又慌忙给他盖好被子，说："盖好，盖好！药膏贴在这儿就行了。"说话间，"啪"地一下把膏药贴在张医生床头的墙上。他贴好膏药，很有把握地说："张大哥这病很好治。今晚能见轻，明日能下床，后天就能出去转转，七天保准康复。"随后，他很有礼貌地拱拱手，说："大哥多保重，小弟告辞啦！"

十分奇怪，张医生的病还真给他看好了。

原来，王医生刚走，张医生就对他儿子哈哈大笑起来。儿子问他笑什么，他说："我说大家没眼力吧，他姓王的就是一窍不通！经血不调本是大闺女、小媳妇的病，我老头子会得这种病吗？再说号脉哪有满把手按着床帮号的？号罢脉应该看病人的舌头，哪有看眼睛的？就算是经血不调吧，开药应该开当归、白芍、红花、丹皮，他开的却是王不留、穿山甲、黄芪、通草，这分明是下奶的药嘛！再者看这膏药，谁见过把膏药贴在墙上能治病啊？哈哈，这真是天下奇闻呀！"他连说带笑加比画，这么一阵之后，他忽然感到肚子饿了，向儿子要吃的，儿子连忙叫媳妇煮了一大碗面条。张医生接过碗，一口气吃完了。人是铁，饭是钢，他吃完面条精神好多了。接着，他又跟儿子讲起来，一直讲到深夜，然后甜甜地睡了一宿。第二天早上，老婆、儿媳来看他，他又兴冲冲地给他们讲了一遍，讲饿了，他又叫儿媳给他做饭吃。7天后，他的病真的全好了。

这时张医生才想明白，王医生是有意用这种办法来激起自己对他的嘲笑，以驱除心中的闷气！

从此，张医生和王医生成了好朋友。

王医生想出的解决问题的办法确实十分巧妙，这是一种十分高明的动脑方法。他只有掌握了病人的心理，才能找出真正的病因，对症下药，运用心理分析法"治"好了张医生的心病。

巧用数字法

（一）

数字巧用法，就是动脑时人们善于利用数字本身及数字所代表的含义从正面或侧面突破一些难以解决的问题而产生奇效的方法。

举例来看：

查尔斯·施瓦布是美国著名的企业家。最初，他有一个工厂的产量总是完不成定额，为此施瓦布换了好几任厂长，然而都不见成效。一次，他任命了一位他十分赏识的人做厂长，但是产量仍没有增加。于是，施瓦布决定自己亲自处理这件事。

一天，他来到工厂的厂长办公室，问厂长："你这么有能力的人为什么也不能把工厂搞出个样子来？"

"我不知道，"厂长答道，"我劝说过工人们，也骂过他们，还以开除他们相威胁，但无济于事。他们依然完不成自己的定额。"

"那么，你领我到厂里看看吧。"施瓦布说。这时，正值白班工人要下班，夜班工人要接班的时候。

来到工厂场地后，施瓦布问一个工人："你们今天一共炼了几炉钢？"

"6炉。"这个工人答道。

施瓦布在一块小黑板上写了一个"6"字。

夜班工人十分好奇，忙问门卫是什么意思。门卫说："施瓦布今天来过这里，他问白班工人炼了多少炉？知道是6炉后，他就在黑板上写了这个数字。"

第二天早晨，施瓦布又来到工厂，特意看了看黑板，发现夜班工人把"6"改成了"7"，便十分满意地走开了。

白班工人第二天早晨换班时都看到了"7"。一位爱激动的工人大声叫道："这意思是说夜班工人比我们强，我们要让他们看看并不是那么回事！"当他们晚上交班时，黑板上出现了一个巨大的"10"字。就这样，两班工人较起劲来，这个落后工厂的产量很快就超过了其他工厂。

施瓦布仅仅用了一个小小的数字"6"，就改变了工厂的落后面貌，这一小小的"6"字解决了打骂甚至以开除相威胁都办不到的事情。施瓦布的高明之处，就在于巧妙地利用数字唤起了工人的竞争意识。

（二）

在运用数字法时应该注意什么问题呢？

第一，要求引用的数字首先必须准确，否则别人就不会相信，就没有说服力，动脑的结果也不可能真实可靠。

第二，引用的数字必须有助于从正面或侧面来解决问题，并且用得巧，用得妙，使人不得不接受，达到一种妙不可言的效果。

林肯是美国历史上颇有声誉的一位总统，年轻的时候，他曾经当过一段时间的律师。

有一次，他得悉自己亡友的儿子小阿姆斯特朗被人控告谋财害命，并已初步定为有罪。于是，林肯就以被告的辩护律师的身份向法院请求查阅全部案卷。阅后，他要求法庭复审。

案情是这样的：原告方面的一位证人福尔逊证明，某一天（相当于我国农历九月初八或初九）晚上十一点钟，在月光下清楚地目击了小阿姆斯特朗用枪击毙了死者。

按照法庭的惯例，林肯作为被告的辩护律师可以向原告的证人提出问题。林肯问福尔逊道："你发誓说认清了小阿姆斯特朗？""是的。""你在草堆后，小阿姆斯特朗在大树下，两处相距二三十米，能认清吗？""看得很清楚，因为月光很亮。""你肯定不是从衣着方面认清的吗？""不是的，我肯定认清了他的脸蛋，因为月光正照在他脸上。""你肯定时间在十一点吗？""充分肯定。因为我回屋看了时钟，那时是十一点一刻。"

林肯问到这里，就转过身，发表了辩护演说："我不能不告诉大家，这个证人是个彻头彻尾的骗子。"

听了林肯的辩护词，大家先是一阵沉默，紧接着大家都明白过来了，迸发出热烈的掌声和欢呼声。原来，这一天是上弦月，到了晚上十一点钟，月亮早就下山了，因而不可能有月光照射被告的脸。既然如此，福尔逊说当时"我肯定认清了他的脸蛋……"，显然也就是完全不可能的，这说明福尔逊的证词是捏造的、虚假的，根本不可能作为判案的依据。小阿姆斯特朗被宣告无罪。福尔逊顿时傻了眼，林肯因此一举成为全国有名的人物。两人都是利用某天晚上十一点钟这个特定的时间数字，一个利用得准确，一个胡编乱造，结果大相径庭。如果引用的数字或数字代表的意义不准确、缺乏真实性，引用数字就没有意义了，反而容易成为对方手中的把柄或攻击的弱点。

攻其弱点法

（一）

攻其弱点法，就是一种专以对方的弱点或破绽为突破口从而达到一举制服对方的动脑方法。

1977 年，香港地产界面临着全港注目的项目竞投。地铁工程，是当时香港开埠以来最浩大的公共工程，而地铁中环站和金钟站这两个位置最重要、客流量最大车站的兴建权的竞投，引起了香港地产界巨头的普遍关注。

人们的目光大都投向置地地产。当年的置地，占有港岛中区 10 多幢大厦，置地广场和康乐广场位于未来中环地铁站的两翼；更重要的是，当时的置地雄居香港地产界的霸主地位，无论是资金、实力还是名声都无人可与之抗衡。

因为实力雄厚，置地也一直没把竞争对手放在眼里，至于当时尚在初始发展阶段的长江实业，置地根本就没把它列入对手之中。然而，长江实业的老板李嘉诚决定，趁此机会"虎口拔牙"，杀一杀置地这只猛虎的威风。

当时的长江实业，刚刚成立六个年头，大部分地产都在南区边缘和乡野山村，在寸土尺金的中区没有一砖片瓦，想与实力雄厚的英资集团置地交锋，许多人都认为李嘉诚这次是疯了。

李嘉诚却在考虑，表面看来是"志在必得"的置地，有没有失手的机会呢？他冷静地分析对手，得出的结论是乐观的。他认为，置地有两个不易察觉的薄弱之处，一个是过于妄自尊大，目空一切，未必会认真研究竞争各方的优劣，太以自己为中心，这样的企业往往会"大意失荆州"。同时，作为一个老牌的英资企业，置地的老板一直对中国政府怀有戒心，那么他的精力必将被分散。分析完毕，李嘉诚决心打这一仗。

知己知彼，才能在对手最薄弱的地方切入。李嘉诚看准置地自恃是大公司，不会认真研究合作方的弱点。于是，他集中力量仔细研

79

究地铁公司招标的真正意向，通过各种渠道了解港府的意图。他打听到港府准备以估价的原价批地给地铁公司，但要求地铁公司用现金支付地款。

这时，李嘉诚分析地铁公司一定会出现现金严重不足的情况，于是他制订了两条对地铁公司极为有利的条款：一是由长江实业提供现金做建筑费；二是两个地盘均设计成一流商业大厦，大厦建成后全部出售，利益由地铁公司与长江实业共享，地铁公司占 51%，长江实业占 49%。

在这段时间里，置地虽然也紧锣密鼓地参加竞投，但他们绝没估计到名不见经传的长江实业会如此认真地研究自己和地铁公司。他们认为，凭实力，舍我置地又可取谁呢？ 1977 年 1 月 14 日，香港地铁公司正式宣布公开接受招标竞投，共有 30 家财团、公司递交了保密的投标书。4 月 5 日，地铁公司董事局主席在新闻发布会上宣布：长江实业公司中标。同一日，香港各大报章大字标题写出：长江实业击败置地。置地的大意和轻视对手，令长江实业一战而胜，继而使长江实业成为后来的香港地产大王。

长江实业的胜利取决于李嘉诚的巧动脑筋，他正是采用了攻其弱点的动脑方法，既认真研究了置地的弱点，又认真研究了地铁公司的弱点，以自己并不雄厚的资金作为优势，针对对方最薄弱的环节，从而战胜了对手而一举中标，为长江实业日后成为香港地产界大王打下了坚实的基础。

（二）

我们在使用这种动脑方法时，要注意以下两点。

第一，要有敏锐的观察力，善于寻找对方的弱点或破绽。

1945 年 2 月，美军和日军在太平洋的一座岛屿上展开一场争夺战。

日军在岛上修建了大片的地堡群，那些地堡大多构筑在熔岩之下，配置巧妙，坚固无比。美军虽费了九牛二虎之力，始终无法推进一步。

　　一天，美军指挥官斯普鲁恩斯召集部下，商讨攻克日军地堡群的对策。在他把情况介绍给大家后，一位工程技术人员献计说："我们硬攻肯定不是办法，应该抓住敌人的弱点进攻。日本人的连环地堡虽说异常牢固，可是它们不会动，这些连环地堡的入口处非常狭小，只要想办法封住他们的通道处，我们就成功了。"斯普鲁恩斯听了这位工程技术员的设想后，连连点头，直夸："真是妙计！"

　　第二天，美军一反常态，停止了毫无效果的炮击，而是出动了无数由坦克改装成的推土机。当坦克推着黑乎乎的混凝土奔向日军的地堡群时，地堡里的日本人完全愣住了，他们搞不清美军使用的是什么新式武器。还没等他们反应过来，地堡群的通道口已经被堵死了。原来，美军用坦克把事先搅拌好的快速凝结的水泥推向地堡的通道处。水泥封住地堡后很快就变硬了。就这样，180 个地堡全部被封住了出入口，日军很快就因缺氧窒息而死。美军终于用巧动脑筋攻其弱点的方法取得了胜利，占领了该岛。

　　第二，找出弱点或破绽之后，要采取出其不意的办法，以迅雷不及掩耳之势将对方制服。因为对方没有准备，尚没有反应过来去克服弱点或修补破绽，所以成功的希望很大。

　　一天傍晚，交警王明在马路上执勤。突然远处传来"哎哟"一声，随之又寂静下来。王明赶紧跑过去一看，原来是一位老大娘倒在路旁，身边还有一摊血。血迹上有自行车碾过的痕迹，肇事者早已逃之夭夭。王明熟悉地形，知道附近没有岔道，赶紧用对讲机和前面的交警小张通了话，让他截住所有骑车路过的人，然后又让一辆过路汽车送老大娘去医院抢救。

下午降过一阵雨，虽然早已停了，但其中有一段路面十分泥泞。王明赶到小张跟前，已有十多辆车子停在那里。他向大家简单地讲了刚才发生的情况，又说，我知道肇事者是谁，请自己出来。等了一阵儿，不见动静。王明就指着其中一个高个子说："你就是肇事者。"周围的人都很惊讶，但那个高个子却低下头承认了。

因为从出事现场到这儿，必须经过那段泥泞的路。别人的车轮都是泥乎乎的，唯独他的车轮干干净净，一定是他发现车轮上有血迹，于是用水擦洗过自行车了。这样欲盖弥彰反而露出了马脚。聪明的王明敏锐地看出了这一破绽，分析了肇事者心理紧张必然销毁罪证这一弱点，轻而易举地破了案，抓住了肇事者，这也是他善于巧动脑筋的结果。

迂回制胜法

（一）

20 世纪 60 年代初，有一种喷雾式的清洁剂——"处方四〇九"进入了美国家庭，并且久盛不衰。

有一天，想不到的事发生了，市场上出现了一次奇怪的"脱销"……

丹佛市许多家"处方四〇九"的分销店，常有顾客跑进来，急切地要买"处方四〇九"。这时，脸带笑容的售货员总是说："真对不起，刚卖完。"

这种日用品的一时短缺，给许多顾客带来了不便，那些心急的家庭主妇更是抱怨不已。"处方四〇九"到底哪里去了呢？是厂家停止生产了呢，还是市场供不应求？

原来，这是经营"处方四○九"的哈瑞尔公司放出的烟幕弹。这家公司得到情报，赫赫有名的波克特甘宝公司要向自己发动进攻了。

波克特甘宝公司经营家庭日用品已有100多年的历史，一向财大气粗，平日同行都对它敬畏三分。它发现哈瑞尔公司的"处方四○九"大有赚头，就准备推出新试制的同类产品，把清洁剂市场夺过来。一场关系着哈瑞尔公司生死存亡的竞争开始了。

哈瑞尔公司密切注视着对手的动静。当它知道波克特甘宝公司的"新奇"喷雾清洁剂试制成功，要把丹佛市作为"新奇"的第一个试验市场时，就通知丹佛市的全部分销店，不要再往货架上添货了，神不知鬼不觉地把"处方四○九"撤离阵地。

"'新奇'来了！"这消息在那些因买不到"处方四○九"而烦恼的顾客中炸开了，他们都抱着应急的心理一拥而上，"试试看吧"，第一批"新奇"就这样被抢购一空，还"供不应求"呢！

波克特甘宝公司派出的测试小组喜出望外，被眼前的虚幻景象迷住了，马上通知总部："新奇"大受欢迎，销量直线上升！

于是，"新奇"正式大批投入生产，准备发动席卷全国的攻势。

这时，哈瑞尔公司瞄准时机已到，快如闪电般地翻手杀出一招回马枪。

所有的哈瑞尔公司分销店，都贴出了醒目的广告——"特价出售"，推出一种特大包装的"处方四○九"。其实是把两个大瓶装的"处方四○九"捆在了一起，上面仅标价"一元四角八分"，这个价钱可算是便宜得诱人心动。

果然不出所料，顾客一窝蜂似的将大包装抢购一空。

精明的哈瑞尔公司算过一笔账，只要顾客买上一次，就足可用上半年，也就是说，他们抢先垄断了半年的消费市场。

还蒙在鼓里的波克特甘宝公司登台了，"新奇"大批推向市场，可惜购买者寥寥，货积如山。

大笔投资似流水般花去了，连本也捞不回来，波克特甘宝公司大叹倒霉。过高的期望带来了更深的失望，波克特甘宝公司对"新奇"失去了信心，不久，"新奇"便从货架上消失了。

哈瑞尔公司所采用的方法叫作迂回制胜法。所谓迂回制胜法，就是不采取直接解决问题的方法，而是采取转一个弯来解决问题的方法。应该说，这也是人们惯常使用而且常能奏效的一种动脑方法。因为有些时候，若直截了当地要求对方答应你的某种要求，对方并不一定会答应，而假若你绕一个弯，采取这种曲折的方法，让对方不能直接察觉你的真正意图，对方反而会答应你的要求。

（二）

在使用这一方法时，要注意两点。

第一，在一般情况下，如果能够直截了当地解决的问题，那么就不要采用这个方法。因为转一个弯，彼此都要花费时间和精力，完全没有必要。只有在必要之时，才用这种方法。

第二，迂回制胜法是难度较大的思维方法，如果不能随机应变，不肯多动脑筋，那么要掌握和使用好这一种方法是比较困难的。

请看下面一个事例：

"哪位钱包掉啦？"汽车拐上立交桥时，一个声音从后车厢传来。喊话的是一位西装笔挺、眉清目秀的小伙子。

"我的！是我的！"随着急促的声音，从座位上站起来一位年轻的姑娘。

"你的，里面有什么？"小伙子打量着局促不安的姑娘。

"20元钱，一张夜大听课证，一张借书证，还有……还有饭菜票。"

"噢，还是个爱学习的人啊！"声音酸溜溜的很不是味。

"好吧，业余大学生，"见姑娘不说话，小伙子递过钱包还给她，"我也不核对了，你交两毛钱'猫腰费'就拿去。"

大庭广众之下，他竟敢如此戏弄姑娘，同车的人满以为姑娘会说什么，谁知她一言未发，随手丢出两毛钱，夺过钱包，转身奔向前门。她的脸红极了。

接过两毛钱，小伙子径直来到一位老年乘客面前，说："大叔，物归原主吧！""什么？"那乘客愣住了。这位青年解释说："这是您刚才买票时掉的，那位姑娘只顾拾您掉的两毛钱了，却把自己的钱包掉啦。我以为她会还给您，没想到……哈哈……"

人们一下子明白了，好一个聪明宽厚的小伙子，他不是在戏弄姑娘，倒是在给那个姑娘留面子。

这个小伙子用的也是迂回制胜法。他没有直接批评那个姑娘，而是拐了一个弯。这样做，既能物归原主，做了好事，又照顾了姑娘的面子，同时达到了教育那位姑娘的目的，委婉曲折，真是妙极。可以看出，遇到这件事时，那个小伙子是动了脑筋的。

欲擒故纵法

（一）

三国时候，蜀国的南方有很多部族，有位彝族首领叫孟获，身材高大，能吃苦耐劳，待人还挺慷慨。因此，那一带的部族，不管是汉人还是彝人都愿意追随他。蜀国每次在前方与魏或东吴作战时，南方部落就发动叛乱，成了蜀国的后顾之忧。

公元225年，诸葛亮知道魏文帝曹丕亲自去攻打东吴，魏吴双方一时都无暇进攻蜀国，就亲自带领军队去南方平定叛乱。南方地区地势险要，人口又杂，光靠武力征服已平定了很多次，但是今天压下去明天又会叛乱。诸葛亮采用了参军马谡的计谋，准备攻心为上，要让南方部落输得心服口服。

孟获虽然勇猛，但有勇无谋。他一瞧见蜀军就带着人马直冲过去，蜀兵故意败逃，孟获策马猛追，一不小心中了诸葛亮的埋伏被逮住了。孟获以为这下准完了。谁知诸葛亮亲自给他松开绑绳，好言好语劝他归顺，孟获果断拒绝，诸葛亮也不强求，他陪着孟获去参观自己的军营。孟获里里外外、前前后后瞧了个够，末了对诸葛亮说："以前我不晓得你的虚实，吃了败仗；今天看到你的军营竟是这个样子，想赢你们太容易了。"诸葛亮看他这个爽快劲儿，忍不住笑起来说："那好，我就放你回去。你要不服，可以再来交战。"孟获就这样被放走了。

当天晚上，孟获带着几百名壮士，偷偷地挨近蜀军的大营，想给诸葛亮一个措手不及。他们进了营寨，一直往里走，可是里面一个人影也没有。原来诸葛亮早料到他必来偷袭，把人马埋伏在营外。蜀兵见孟获果然中计，一个猛冲，把孟获他们围了起来。不一会儿工夫，全逮住了。谁知孟获还是不服，他恨恨地对诸葛亮说："你太爱耍花招，又不是真打败我的，我不服。"诸葛亮又把孟获给放了。这可气坏了蜀军的一些将士，他们认为丞相太软弱了，这样将士们的劲儿不是白使了吗？诸葛亮便跟他们讲"攻心为上"的道理，大伙儿便知道丞相的真正用意了。

就这样，孟获被诸葛亮逮了放、放了又逮，先后达七次，每次诸葛亮都让孟获说出不服的理由，然后放了他。到了第七次上，孟获真的受了感动。他流着泪说："诸葛丞相真是仁至义尽，我决不再反对他了。"此后南方部落诚心归顺了蜀国，诸葛亮任命孟获做了蜀国的官，管理南方各部族。

诸葛亮七擒孟获的故事，是一种运用欲擒故纵法动脑获得成功的典型事例。诸葛亮是真心要收服孟获，但他采用了攻心战，每次孟获被擒时只要他能说出不服的理由就放了他，每次获释孟获就对诸葛亮的为人就了解更深了一层，直至最后被诸葛亮的诚意所打动，他诚心诚意地归顺了。这时，诸葛亮"纵"的真正目的达到了，即蜀国的南部不再有后顾之忧了。这种想抓住一个人而有意地先放他、放（纵）是为了抓（擒）的思考问题的方法就叫作欲擒故纵法。平时人们常说的"放长线钓大鱼""让他表演表演看，以后再收拾他"，讲的就是这种方法。

再来看一例。

有一天，两个人发生了争执来向包公告状。其中一个人说："禀大人，小人以贩锅为生。昨天夜晚三更，小的宿在店里，锅被这个人偷走了五口。他第二次又来偷，被我发觉，因此拉他前来投官，望大人明鉴。"另一个是个跛子加独臂，他申辩说："大人，如果小的好手好脚，说我行盗，也还说得过去。我只有一只好脚一只好手，怎么偷呢？何况锅又不是首饰之类的小物件，我如何能偷得走？小的实在冤枉。"

包公想了一会儿，不用两分钟就断定跛子是小偷，并把跛子定了罪。

原来包公故意将铁锅判与跛子，跛子高兴之下得意忘形，用一只好手提住锅耳，低下脑袋一顶，锅就被顶在头上，洋洋自得地要走了。包公由此推知跛子不能偷锅是假话，跛子原来是个惯偷！这里包公使用的就是欲擒故纵的动脑方法。

（二）

在使用这一思考方法时要注意。

第一，"纵"（放）是为了"擒"（抓），因"纵"是重点，要讲究"纵"的方式、方法，不能露出破绽，要让被"纵"者感觉不到有被抓的危险。

西汉时，有个人拿着一匹绢去市上卖，路上正巧下雨，就把绢展开来遮雨。后来又来了一个人，央求给他也遮一遮，那个人答应了，就给他另一头披着。不一会儿，雨过天晴，分手的时候，两人争抢这匹绢，都说是自己的。郡太守叫人把绢剪断了，一个给一半，就打发他们走了。但没过多久，郡太守就把两人又叫回去，并判断出其中一个人是讹诈者，使他受到了应有的惩罚。

那么太守是怎样判定其中一个是讹诈者的呢？

原来太守把两人放走以后，分别派了人跟在后面，察看他们的反应。只见一个人满脸堆笑，兴高采烈，称颂太守的恩德；另一个直喊冤屈，哭声不绝，大骂太守是昏官。跟踪的人把他们喊回来后，一审问前者，那个人心亏只得认了罪。

这个太守"纵"的方法十分巧妙，是两个人一起放。如果只放其中一个，那就显示不出如此好的效果来。

第二，"纵"的形式很多，不能拘泥于一种格式。像下面的事例可以算是"纵"。

有一年，有一位王子得了一种重病，满脑子坚持一个很怪的想法，认为自己是一头牛。因为杀牛祭祀是他们的教规，王子就坚持认为，自己也应该像牛一样被杀掉。国王请了许多名医来治都无济于事，最后只好找来一位民间医师来试试。这位医师仔细检查了病情后，就装扮成一乡间祭司，说是来杀牛的。他抽出一把长刀，然后开始摸王子的胳膊和脚，想知道从哪处开刀最合适。可是，他忽然停了下来，说这头牛太瘦弱，不值得一杀。如果杀掉这可怜的东西来祭祀，那将是对神灵的亵渎。王子自然非常心烦，但还是听取了医生的建议，想要被杀就得吃胖点。因此王子就拼命猛吃起来，吃呀吃呀，几个月过后，果然胖了许多，身体也好了，而关于牛的事，他早已忘得一干二净了。

这位民间医生先承认王子是牛，然后装模作样要杀他，这也是一种"纵"的形式。因为王子想要吃胖了被杀，就要拼命猛吃，精力一旦转移，他对于自己是牛的想法自然随着时间的推移而逐渐淡忘了，"纵"的目的也就达到了。

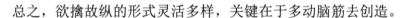

总之，欲擒故纵的形式灵活多样，关键在于多动脑筋去创造。

以假取胜法

（一）

所谓以假取胜法，就是运用一些假的东西或表象来达到迷惑敌人的目的，从而乘敌不备一举获胜的动脑方法。

战国时期有两位名将，一位叫庞涓，一位叫孙膑，都善于带兵打仗。庞涓和孙膑本来是同学和朋友，但庞涓这人嫉妒心太强，他总觉得自己的才能不如孙膑，于是在他做了魏国的大将后，就设计把孙膑骗到魏国软禁起来。孙膑靠装疯卖傻才免于一死，但是还是被庞涓砍去双足，成了残疾人。幸亏齐国大将田忌及时营救了他。从此孙膑做了齐国的军师。

庞涓以为孙膑又疯又残，天下再也没有他的对手了，便一次又一次地向邻国韩、赵进犯。韩、赵两国只好向力量较大的齐国求救。孙膑决心除掉自己的仇人，便以军师的身份率军向魏国都城大梁杀去。正在攻打韩国的庞涓连战连捷，士气高涨，忽听齐国军队又来攻打自己的都城了，便杀气腾腾地回头向齐军扑来。

齐国出征的士兵有 10 万，庞涓的士兵也有 10 多万，而且正杀在兴头上，若正面交战，胜负难料。田忌问孙膑该怎么办，孙膑说："不急，听我安排，这次定要庞涓的命！"

第一天，孙膑让行进的士兵在路上埋设了 10 万只炉灶。第二天，只让士兵埋设 5 万只。第三天，只允许埋设两万只炉灶。一次不能把饭做出来，就分两次做。士兵们虽然有些不高兴，但还是相信孙膑能带他们打胜仗。

庞涓沿路追来，见第二天齐军的炉灶比第一天少了一半，非常高兴。因为这正符合兵法所说，五十里之外来求利，士兵只能到达一半。又见第三天齐军的炉灶只剩下两万只了，就更加高兴，这说明 4/5 的齐军开了小差，剩下的一定不堪一击。庞涓得意地说："孙膑啊孙膑，上次我吃了你的亏（'围魏救赵'时庞涓败给了孙膑），看这次我怎么来收拾你！"于是命令大部队缓行，自己亲自率领精锐部队日夜兼程追赶齐军，终于在第二日晚上追上了。正欲交战，只听漫山遍野杀声震天，齐国 10 万大军已像口袋一样把庞涓的人马严严实实地围在里边。庞涓这才明白，又上了孙膑的当，忙寻一条路逃跑。忽见一棵大树被剥去了一块皮，上面隐隐约约地写着字，举起火把一照，原来写的是："庞涓死于此树之下。"此时，乱箭如雨点般射来，庞涓连中几箭后，羞愧难当，拔出宝剑自刎而死。

面对比自己实力强大的对手，孙膑没有与之正面交战，而是巧动脑筋，用减灶的假象麻痹庞涓，让庞涓以为齐军一定不堪一击，求胜心切的庞涓穷追不舍，果然中了计。孙膑的思考就是运用了以假取胜法。

（二）

那么使用这种方法应注意什么问题呢？

第一，以假取胜，这个"假"一定要装得像，不能使对方看出破绽。若被对方看出破绽，那就不会上当，也就不能以假取胜了。相反，如果装得很像，那就能麻痹对方达到目的。思考就应从这点出手，才能达到以假乱真的效果。

1947年，邓小平率领部队抵达黄河北岸。一日夜里，驻守黄河南岸的国民党部队哨兵，借助探照灯灯光发现北岸水面黑压压一片头戴钢盔的士兵默默无声地向南岸游来。敌师长命令部队："等到共军的渡河部队进入火炮射程之内再射击，将共军全部消灭在黄河里。"渡河部队逼近南岸了。敌师长下令开火，枪炮齐发，顿时，河面上钢盔炸裂，鲜血飞溅，染红了大片河水。

突然，在敌军后方响起了激烈的枪炮声，敌人阵脚大乱。原来，我军主力早已趁夜色从上游乘船或木排渡过黄河，从敌人背后进攻，打垮了敌人，活捉了敌师长。

而那渡河部队，则全是用钢盔在下边绑着干葫芦后系上的猪尿脬，脬里面装满红颜色水，干葫芦上面还拖着一些猪肠子呢！

邓小平所率的部队作战善于动脑，用钢盔系绑干葫芦和猪尿脬，还用红颜色水装入猪尿脬里，这些假的东西装扮得惟妙惟肖，从而吸引了敌人的注意力。正因为这些"假"装得太像，没露一丝破绽，才达到了以假乱真的效果，所以敌军才毫不怀疑地集中火力炮轰，也就没有精力考虑到我军主力从上游渡河、从敌后进攻这些真的军事行动了。这种动脑方法就是一种以假取胜法。

第二，怎样才能装得像呢？必须镇定沉着，不能慌慌张张，否则就容易露出破绽，不可能装得像了。

比如公元前129年，汉武帝派四路大军出击匈奴。李广率一路军出雁门关，不巧碰上了匈奴主力，并中了敌军埋伏，奋战到最后全军覆没，受伤的李广被捉住了。匈奴骑兵把他放在一个用绳子编织的大网兜里，架在两匹马中间抬着往前走。李广深知，被他们抬进大帐后再想逃出来是相当困难的，能否生还只有在路上伺机行动。为了麻痹匈奴兵，李广躺着纹丝不动，像死了一样。匈奴士兵喊他、踢他，他都不动。敌兵还真以为他死了。在走了一段路后，李广斜着眼瞥见旁边一个匈奴人骑着一匹好马，便灵机一动，猛地挣扎起来，一跃跳上那匹马，夺取了箭，将匈奴兵推下马去，掉转马头就走。这一连串动作非常迅速，等匈奴兵反应过来，他早已经跑远了。

李广用的就是以假取胜的思考方法。被敌人包围了，硬拼肯定不行，只有智斗。于是李广装死，无论怎么喊他、踢他，他都镇定沉着、纹丝不动，因他装得太像了，匈奴兵都被他的"假死"麻痹住了，这样就给了李广一个伺机逃跑的机会。

再看一个例子：

公元383年，前秦王苻坚以90万军队攻晋，当时东晋总兵力不超过15万，局势危急，朝野震动。可执掌朝政的宰相谢安竟从容出游，照常会见亲朋好友，并命谢玄和他下棋，以此麻痹秦军的探子。而后，又独自出游，当夜方归。在这平静之中，他看到了秦军上下离心、将士厌战。于是，他沉着果断地调兵遣将，终于大败秦军。

90万大军压境，作为一国宰相的谢安能不着急吗？但他从容出游、下棋会友，临战不慌，镇定从容，说明他善于运用假象来麻痹敌人，以达到打探敌军虚实和调兵布阵的真正目的。待敌军醒悟之时，他早已准备就绪全面进攻了。这种以假取胜、出其不意的战术的成功是谢安巧动脑筋的结果。

运用地利法

（一）

大洋洲岛国斐济有一个小岛，岛上居民都信基督教。按当地基督教的规定，礼拜天必须停止一切商业活动。因此，所有商店的礼拜天都得关门。可是，有一个聪明人在岛上开了一个商店，礼拜天照常营业，而又没有违反基督教的规定。他是怎么办到的呢？原来，这个聪明人考虑到小岛所处的地点正好有日期变更线南北贯通，而他把自己的商店就设在此线通过的地方，在东西两面各开一个门面。大家都知道，在日期变更线的东西两侧，时间要相差一天。这个商人在东边礼拜天时，就关东门开西门；在西边礼拜天时，就关西门开东门。由于岛上其他商店总有一天不能营业，顾客只好到他的店里买东西，因此他的生意越做越红火。

这个小店主就是利用了岛上特殊的地点以及与时间的联系，解决了基督教规定礼拜天不允许营业的问题，从而生意越做越好。像这样一种充分发挥自己在地理环境方面的长处，从而产生使人意想不到的效果的动脑方法，就叫做地利运用法。早在2000多年以前，孟轲就提出了遇事成功的三要素：天时、地利、人和。地利就是其中的一个重要因素。

我们每个人时时刻刻都处在一定的地理环境之中，只要我们善于发现，就一定能运用地利来帮助解决我们所遇到的问题。我国首都北京争办第十一届亚运会的成功便是运用了这一方法的结果。

在国际上，能举办一次大型运动会，是显示一个国家实力、提高主办国家国际地位的大好时机。所以第十届亚运会还没有结束，亚洲各国都争相申请下届亚运会的主办权。其中最有竞争力的是日本广岛市。然而，谁也没有想到亚奥理事会代表大会的投票结果竟是北京，而促成举世瞩目的第十一届亚运会在北京举行的"功臣"竟是一部电视片！

1983 年，经中央同意，中国奥委会正式向亚奥理事会提出申请，在北京举办第十一届亚运会。*1984* 年秋，国家体委副主任何振梁和北京市副市长张百发飞往韩国的首尔，参加决定第十一届亚运会东道主的亚奥理事会代表大会。

日本对这次会议极为重视，广岛市派出以市长为首的十四人代表团，会上会下，积极游说，想夺得举办权，而我国只有两个人。亚奥理事会主席想帮中国的忙，出面做日本工作，但日本方面执意不让。

在这关键的时刻，首尔电视台放映了一部中国电视片。那部电视片的名字叫《北京欢迎您》。北京悠久的历史，秀丽的风景，宏伟的古建筑，又融合了现代化都市的迷人风采。这些得天独厚的优势和神韵，是广岛市无法比拟的。电视片深深地吸引了大会代表。

第二天，一些亚洲国家代表对中国代表说："北京太美了，我们赞成在北京举办第十一届亚运会。"当大会最后以无记名投票方式决定举办国时，许多国家代表都投了中国的票。结果，大会以压倒多数的票数同意在中国北京举办第十一届亚运会。

一部电视片换来了一届亚运会东道主地位。那么，为什么一部电视片有这样大的魅力呢？原来，它是介绍我国首都北京独特面貌的风光片。这也就是说，正是由于北京的独特风光才争取到亚运会在北京召开的机会。在整个申请与竞争中，我国代表团充分运用举办地的地利优势，以北京的独特风貌添加了申办的重要砝码。这也是一种运用地利的思考方法。

（二）

那么，怎样才能更好地运用地利来思考问题、巧动脑筋呢？

第一，地理环境是客观存在，是不以人的意志为转移的，但是地理环境的有利方面（地利）却要靠人们自己去发现。所以要想找到有利的地理因素，必须动脑筋下功夫去寻找。

从前，有个孔掌柜欠了大财主牛文一笔债，总也还不清。牛文呢，看中了孔掌柜的漂亮女儿孔兰珍，便起了坏心，想让孔兰珍卖身抵债，逼了几次未能得逞，便企图用欺骗的手段达到目的。牛文跟孔掌柜抓阄打赌，他们约定在河滩上捡两颗小石子，一黑一白放到布袋里让孔掌柜抓。如果抓出黑石子便要孔掌柜用女儿抵债，如果抓出白石子债务便一笔勾销。

在往袋子里装石子时，牛文使了一个鬼花招，他装的两颗都是黑石子，这样无论孔掌柜抓到哪一颗都要以女儿抵债。牛文耍的花招被细心的孔兰珍看破了，她瞄了眼沙滩便没有吱声。在开始抓阄时，聪明的姑娘抢先替父亲抓了颗石子，然后假装害怕的样子，将攥在手里的石子故意一抖，掉在了布满许多黑石子白石子的沙滩上，再也分辨不出刚才抓出的是哪一颗了。

要想知道孔兰珍抓出的是黑石子还是白石子，只有把布袋里的另一颗拿出来看看就知道了。众人打开布袋见里边剩下的是一颗黑石子，便一致推断孔兰珍刚才抓住的是白石子。于是按照事先的约定，孔掌柜欠牛文的债就一笔勾销了。牛文呢，自己做了亏心事，自然是"哑巴吃黄连，有苦说不出"了。

在这个故事里，沙滩上黑黑白白的石子本没有什么有利之处，但聪明的孔兰珍识破了牛文的花招之后，善于发现，利用沙滩上的黑黑白白的石子来混淆摸出的黑石子，让人们分辨不出只好去看剩下的一颗。这样，牛文的险恶用心就无法达成，自己也不用卖身抵债了。由此可见，孔兰珍的动脑是下了工夫的。

第二,地理环境的好坏,并不是一成不变的,必须以辩证思想对待,随条件的变化而变化思考。

鄂西北山区有座狮子山，山上的石头奇形怪状，质地松软。当地农民用钢钎、锤子开凿下来，运到城里去卖，6元钱一吨，年收入15 000元。后来农民们发现，城里人用这种石头垒假山，一吨可得工艺费七八十元，于是他们也学着垒假山，一吨石头的单价从6元提高到80元。他们又去北京考察，发现山上产的沙积石，1公斤竞价值好几元钱。眼界打开了，这些农民更加珍惜乡土资源了，他们研制的"电子超声喷雾盆景"，每盆卖260元，使这个山区的农民都富了起来。

所以，有利的地理条件，要靠人门动脑去发现，去寻找，去利用。

利用动物法

（一）

公元 *1206* 年，宋将毕再遇与金兵对峙。金兵日增，宋军兵少不能敌，便决定退兵。在与金兵对峙时，毕再遇军营一天到晚鼓声不断，一方面是为了威慑敌人，另一方面也是为了鼓舞士气。如果现在撤退，营中突然断了鼓声，势必被敌人发觉。毕再遇为了欺骗敌人，安全撤军，就采取了"悬羊击鼓"的计谋。他让士兵弄来一些羊和大鼓，把羊倒吊起来，让羊的两只前蹄抵在鼓面上。羊被吊得难受，便使劲挣扎，两只前蹄不停地乱动，鼓就被羊蹄敲响了。是夜，宋军在一片鼓声中悄然撤走。

金兵听到宋营中鼓声不绝，便没怀疑，仍在调兵布阵。一连过了几天，金兵都没有发觉。等到金兵发现上当时，宋军早已远去多日了。

"悬羊击鼓"是运用了动物利用法思考的结果。当人们的力量无法解决某一问题的时候，就可以考虑利用动物来帮忙。动物利用法就是利用动物来解决问题的一种动脑思考方法。动物的种类很多，这里是利用羊来解决问题。可以说任何动物都可以被人们利用来达到一定的目的。

（二）

那么，怎样才能更好地使用这一方法呢？

第一，因为动物比较难以控制和训练，所以只有在人力无法解决的情况下，才使用动物利用法。

97

明代谢肇淛的《五杂俎》中，就记载了这样一个故事。明朝的时候，东南沿海常遭倭寇骚扰。戚继光为抗击入侵的倭寇，亲自率兵驻防在福建福清县。这里濒临大海，山峦起伏，山上有许多猴子。士兵们在山上操练的时候，常常有成群的猴子在附近好奇地观望着，还模仿士兵的操练动作玩耍。戚继光发现了这种情况后，就让士兵们从山上捉来数百只猴子，将它们饲养起来进行训练。经过一个时期的训练之后，这群猴子终于会模仿人们的操作去施放真正的武器，成了一支听令行事的"特别队伍"。

一天，这个地区再次遭到了倭寇的侵略。戚继光趁敌军立足未稳的时候，启用这支"特别队伍"参战。他一面把士兵埋伏在敌营周围，设下包围圈，一面指令驯化的猴群操起火器，一齐扑向敌营，不一会儿，敌营内外到处都布满了活蹦乱跳的猴子。敌军看到这种情况，还以为是一群猴子作戏呢！突然，这支"特别队伍"在攻击的号角吹响时，同时将各自操持的火器施放出来，顷刻间敌营大火四起，烈焰腾空，埋伏在四周的士兵乘机发动进攻，倭寇还没有弄清是怎么回事，就全军覆没了。

戚继光利用猴子的办法确实很厉害，但如果用人力能够轻易攻入倭寇大营的话，戚继光是不会想到使用它们的。

第二，在利用动物的时候，要考虑得周到一些。如果考虑不周密，可能会弄巧成拙，反而对自己不利。

公元759年，唐朝兵马副元帅李光弼奉命平定叛军史思明部。两军隔河扎寨。史思明在河的南岸，李光弼在河的北岸。

当时，史思明有一千多匹好战马，他为了显示自己力量的强大，恐吓对方，每天都把这些马赶到河边沙洲上洗澡，并且巧妙地让这些好马循环不断地出现，以示数量之多。

　　李光弼很想把这些好马弄到手，他先想用马引诱，但异性的马是相互吸引的，这边的母马也很可能被对岸的公马吸引过去。于是他又想出另一个绝妙的办法。他让士兵找来了五百匹正在奶着小马驹的母马，把这些母马赶到河边，而把小马驹关在城里。这些母马因为惦记着小马驹，咴儿咴儿地叫个不停，一心想回城里去，而对岸史思明的公马听到母马的叫声，还以为是在呼唤自己呢，就急不可待地蹚过河来和母马亲近。李光弼毫不费力地将史思明的战马赶到自己的军营中去。

　　史思明本来想借战马来显示自己力量的强大，以恐吓对方，但由于考虑不周，结果弄巧成拙，连自己的马也被对方引诱了过去。这说明，在利用动物时要慎重，应考虑周全以防自己吃亏。

　　第三，在思考问题时，我们还可以采用仿生学的原理，模仿动物的结构和功能进行发明创造。雷达、飞机、电子警犬、潜水艇等科技产品的发明都是利用动物的结果。再如模仿蜻蜓的样子发明了直升机，模仿袋鼠的跳跃前进，而发明了能在坎坷不平的田野或沙漠地区通过的、没有车轮的"跳跃机"等。

　　第一次世界大战期间，德国军队进攻比利时，他们使用了液态氯气，致使大批英法联军中毒身亡。

　　战斗结束后，英法联军发现野生动物都死了，只有野猪活着。化学家费里特带着助手来到野外，在野猪跟前施放氯气，野猪嗅到刺激气味时，立即把鼻子拱进土里，结果没有一只中毒。由此，费里特发现松软的土壤粒可以吸附和过滤毒气。于是，他用既能吸附有毒物质、又能畅通空气的木炭做成颗粒，仿照猪嘴制成了人们今天常用的防毒面具。

　　再比如摇船的橹板也是利用鸭子的脚，运用仿生法发明的。

古代名匠鲁班有一天来到河边乘船，见艄公用篙撑船，十分吃力，他就想：怎样才能让船划得又快又省力呢？

这时，一个老汉划着小船赶来一群鸭。鲁班仔细观察了鸭子的划水动作，很受启发。回家后，他砍了根木棍，上端削得像鸭子腿，下端削得像鸭子的蹼。把它放在船上一试，果然划船又快又省力。后来，人们就把这摇船的工具叫做"橹板"了。

将错就错法

（一）

在一个村庄里，有一个青年人叫扎依，又懒又穷，就凭自己是村里唯一识几个字的人坑蒙拐骗。

有年秋天，他去跟一个女财主借50两银子，女财主对他不放心，他拍着胸脯保证说："放心吧，我不会骗你，到了二月，我连本带利还给你。"女财主便信了他的话，借给他50两银子。

二月很快就到了，女财主登门跟他要账。扎依却摇着脑袋说："不是说好二月还吗？现在还不到二月呀？"女财主急着说："怎么不是二月，今天已二月五日了。"扎依指着天狡黠地说："唉，你真糊涂，我说的是天上有'二月'的时候还你嘛。"

女财主差点给气疯了，要等天上出现两个月亮不是让太阳从西边出来吗？这分明是在赖账。于是，女财主便去法官那里告了扎依一状。法官了解案情后，并不立即办案，而是让女财主回家等消息。

二月十五日，女财主得到了法官的通知，要她和扎依进城打官司。法官把法庭安排在湖边。晚上，月亮升起来了，又圆又大，女财主满天寻找，也不见另一个，懊恼极了。

扎依吃完晚饭来了，见法官已在等候，便走过去搭话。法官漫不经心地指着湖面："呀！那儿好像有个什么东西？"扎依瞧了瞧脱口而出："没什么，是月亮。"法官马上指着天上的月亮说："那是什么？""那是天空中的月亮呀。"

法官此时正色说："现在是几个月亮？"

扎依这才发觉自己落进了法官的圈套，但为时已晚，后悔不及。只听法官说："这是你亲口说的。现在'二月'到了，快还钱吧！"扎依张口结舌，乖乖地连本带利还清了债务。

这个故事中，扎依要赖，主要赖在他偷换了概念，违反了人们日常对话交流时遵守概念的统一性，他把月份牌上的"二月"胡搅成了天上出现的"二月"，想以此赖账。聪明的法官将错就错，也把扎依说的"二月"胡搅成"天上一个月亮，湖里一个月亮"，并制服了扎依。其实，此"二月"也非扎依的彼"二月"。

法官用的动脑方法是一种将错就错法。所谓将错就错法，是一种故意利用错的事物来对付它自身，以求反败为胜、化被动为主动的动脑思考方法。

（二）

那么，使用这种思考方法时应注意哪些问题呢？

第一，必须准确分析对方错在哪儿？是怎样利用的？存在哪些漏洞或不足？只有找到对方是怎样故意制造错误和利用时的漏洞，才能对症下药，找到一个既有利于自己又能克制对方的"错"。

从前，有一个穷人为了生计而远走他乡，在一座位于阿拉伯湾的大城市里，他参加了采珠队。由于他不怕艰险，敢下深海，采到了许多大珍珠，发了一笔财。他把全部收入都换成金币装在一个小包里，贴身携带。有一天，他决定返回家乡，盖一所大房子，成家立业，平安地度过后半生。在返回家乡的途中的一天晚上，他在路边人家的一间空房子里借宿过夜。睡下之后他摸着腰间装着金币的小钱袋，心里一阵兴奋，忍不住坐了起来，借着灯光一个一个地数了起来。听到金币清脆的撞击声，他脑子里幻想着幸福生活的远景。就在他陶醉之时，他没想到门缝里透出了一双贪婪的眼睛。原来这是房子的主人——一个有几个孩子的寡妇——在窥视，她看着那些闪光的金币，决心设法弄到手。

第二天，采珠人又要赶路，他刚迈出门，就被寡妇扯住衣服说："孩子的父亲，你不能走，你把家里的钱全拿走了，抛下我和孩子可怎么办啊？"

"我不认识你，我也不是你的丈夫！"采珠人很生气。但女人死抓住他的衣服不放，声音越来越大。

一些过路人都围过来观看，见他俩扯不清的样子，都建议两人到法官那里去。

见到法官后，妇人申诉说她丈夫想拿走家里的金币远走他乡，把孩子和她抛之不顾。采珠人当然一概否认，并请求法官把女人的孩子叫来作证。可没有想到孩子们一见他就拥过来喊他爸爸，并抱着他的腿叫他不要拿走金币和抛弃他们，采珠人非常吃惊，真是哭笑不得。法官由此断定，他就是这个女子的丈夫。如果女人撒谎，孩子们还能撒谎吗？于是他把金币判给了那女人，并对采珠人说："如果你愿意留下，就和她一块好好过日子，否则你就走。"

女人拿着金币走了。采珠人失去了数年辛劳的结晶，早已想好的庞大计划和后半生的安逸生活全部泡汤了，而且眼下就面临着生计的问题，他绝望地在路上徘徊。

两天之后，他遇见了一位老人。老人问他沮丧失神的原因，采珠人就一股脑儿地把事情的经过告诉了老人。老人听后说："没关系，我有一个办法可以把你的钱要回来。你去找法官，并对他说，你决定走，并想把两个大孩子也带走，可是孩子的母亲不答应，因此请他判决。"

采珠人来见法官，把老人的话重复了一遍。法官派人传来了那个女人，并判决两个大孩子让爸爸带走。女人自然坚决反对，可法官的判决只能执行，于是女人慌了手脚，因为她不能说出这个男人不是孩子的爸爸。

采珠人一手牵着一个孩子离开了，两个孩子拼命想挣脱都无济于事。女人眼巴巴地看着孩子被带走，急忙想应付的办法：法官的判决是不能收回的，看来只能拿出钱来才能救回孩子。她赶忙追上采珠人，对他说："亲爱的，把孩子还给我，你带孩子不但对你无用，反而得费心去照料他们，又要安排他们的生活，这会给你增加负担的。"

"没有关系，谁让我是孩子的爸爸呢？再说我如果实在照料不了他们，过些日子我就把他们送给别人。"采珠人说。

"别……别……千万别那样，我把这些金币全部还给你，请你把孩子还给我吧。"

最后，采珠人拿回了金币，那女人也把两个孩子领了回去。采珠人之所以能如愿以偿，主要靠那位老人的奇思妙想，他抓住了那个寡妇制造的假夫妻、假父子关系的"错"，然后就利用这个"错"来对付那女人，以错对错，果然制服了那女人。

第二，使用这一方法时必须注意巧妙性。在对方得意之时给对方一击，而这一击是对方无法料到的，这样会给对方造成严重的打击。

有一天，一个割草娃在路边草丛里拾到一个青布钱袋，内装82

枚铜钱，便拿回家去交给母亲。母亲教育他："别人的东西不能要。丢钱的人现在该有多着急啊！我们要替他想想，得赶快送还给那丢钱的人。"

割草娃在路边等了半天，见一个人东瞅西瞧地走过来。割草娃问来人找什么，那人答道："钱袋掉了。"割草娃举起钱袋说："这是你的钱袋吧？我在这儿等你大半天了。"那人一见钱袋，忙接过一看，一数钱，82枚一个不少，连一声谢都没有说，转身就走了。

原来那丢钱的人叫二赖子，是个赌棍，那天赢了82个铜钱，回家时不小心把钱袋丢了。二赖子拿着钱袋走了不远，心想：这割草娃真憨，拾到钱都不要！我不如再讹他几个钱花花。于是他走回去，找到割草娃说："我这钱袋里装的是100个铜钱，现在怎么只剩下82个了？"割草娃说："我拾到的就是82个！"两个人争吵着来到城里评理。

他们走到大街上，正好碰到州官来游玩，就争着上前，跪下申说理由。州官早听说二赖子品行不端，问明了双方情况，心中已明白了八九分。州官派人去问割草娃的母亲，两人说的前后经过一样，就断定割草娃是个老实人，决定处罚二赖子。可这二赖子也不是好对付的，他编得头头是道。因为证据不充分，州官一时没想出好法子。

这时，有一个聪明人走过这里，给州官出了一个主意，轻轻巧巧地处罚了二赖子，使二赖子哭笑不得，后悔万分。

聪明人对州官说："这案子好办得很，人家拾的是82个钱，二赖子掉的是100个钱，这说明钱袋不是他的。"州官一听有道理，就说："对，对，这钱袋暂给割草娃，去另等失主，等不来失主，本官断给割草娃自用。二赖子另去寻找钱袋，不准胡赖。"二赖子一听，忙说："这青布钱袋明明是我的呀！"那聪明人拍了拍自己的青布钱袋说："我这里也有个青布钱袋。青布钱袋多着呢！"二赖子干张着嘴无话可说，只得垂头丧气地走了。他不敢承认自己是诬告人家的，因为诬告是犯法的。

这个故事中的聪明人使用的也是将错就错法，十分巧妙地叫二赖子无话可说，这反戈一击，力量是十分大的。

疑点追踪法

（一）

清朝末年，浙江有张三和周生两个商人，他俩是很要好的朋友。有一次，他俩商量好到湖北江陵去做一趟生意。两人雇了一条船，同船主约定好第二天清早开船。

翌日，天刚亮，张三的妻子张王氏就起来给张三做好饭，收拾好行李。张三吃了早饭，带着行李，走出家门。

张三先到船上，因为天色尚早，就和衣在船上睡了。船主郑为利，知道张三身上带了不少钱财，起了歹心，他瞅瞅四周，灰蒙蒙，静静悄悄，没有人走动，没有船只来往，就神不知鬼不觉地把船划到僻静的地方，将张三淹死，然后又回到原处假装熟睡。

周生来到船上，等了好一会儿，仍不见张三的影子，就同船主郑为利一起去他家催促。

郑为利显出很热情的样子，到了张三家门前，敲了敲门，喊道："三娘子，三娘子。"

张王氏忙出来开门，一看是船主和周生，问他们有什么事。

郑为利说："三娘子，三郎为什么这么长时间还不来，等着他开船呢！"

"他早就离开家了，怎么还没上船呢？"张王氏有些心慌，像是问郑为利，又像是自己在推测，"能出什么事呢？"

"这我不知道，不知道。"郑为利嗫嚅着。周生十分诧异，他与张王氏分头寻找了三天，毫无张三的踪影。

周生怕连累到自己，便写了个呈子，禀报县衙。县官把周生、郑为利和张王氏传到县衙。经过几次审问，毫无结果。县官一会儿怀疑周生与张王氏私通，共谋害死了张三；一会儿又怀疑郑为利谋财害命。可又始终找不到证据，最后，只好糊里糊涂地把他们推出县衙。这个案子虽然牵扯到一条人命，也只好不了了之。

后来，来了一位姓杨的新县官，据说很会判断疑难案件。张王氏找到周生，恳求他再写一份呈子，把张三失踪那天周生如何后到船上，又如何与船主一起去张三家的详细情况复述了一遍，报到县衙。杨县官看过后，着手审理此案。

他翻阅案卷，苦苦思考，竟找到了作案人留下的蛛丝马迹。他兴奋得一拳击在自己的手心里，自言自语地说："对，一语道破，破绽就在这里！"原来他分析了船主郑为利去张三家时说的话，他喊"三娘子，三娘子"，可见他早知道屋里没有张三。待把郑为利押来一审，郑为利果然认罪了。

杨县官之所以能根据一句话就能断定郑为利有罪，是因为他抓住了"三娘子"三个字里的疑点，并由此追溯分析了案件的起始经过。像这样发现一个疑点并由此展开去分析问题来龙去脉的动脑思考方法叫做疑点追踪法。

（二）

在进行疑点追踪法时，应当注意的是：

第一，发现疑点，不能轻易放过。

　　北宋大臣程戡在处州（今浙江丽水）做官时，当地老百姓中有两家人私仇很深。一天，一家的几个儿子对他们的母亲说"母亲年老多病，恐怕不会活很久了，请求用您的死来报家仇。"于是他们把母亲杀死，把尸首放到仇人家的门口，然后到官府告仇人杀母。对于这件事，仇人一时无法辩白。程戡表示怀疑，而他手下的官员都说没什么可怀疑的。程戡对他们说："杀了人却把尸首放在自己家门口，这不令人怀疑吗？"于是他就自己审理这个案子，终于弄清了内幕详情，那家的几个儿子不得不认罪伏法。

　　程戡破案，关键就在于他发现了疑点（杀了人却把尸首放在自己家门口）而不放过，并紧紧抓住了，追查下去，案情才水落石出。

　　第二，疑点的提出应该合情合理。合理是提出疑点的根据和 理由。

　　山东单县有个农民在田里干活儿，他的妻子给他送饭，他吃饭后竟死了。公公以此认为是媳妇故意害死了自己的儿子，就到官府告发了她。媳妇经不起鞭打的痛苦而屈招了。从此，当地天旱久不下雨。许襄毅当时到山东做官，听说单县久旱不雨，就亲自到单县，对狱中的囚犯普遍进行了复审。当查到那个媳妇的案子时，他说："夫妇终身厮守，这是一般人最好的愿望。用毒药杀人，是各种计谋中最隐秘的一种，哪有自己去地里送饭而自己在饭里下毒的人呢？"他询问那媳妇当时送的什么饭食，走过哪条路。媳妇说："送的是鱼汤米饭，路上经过一片荆条林，没有什么异常的。"许襄毅就照那媳妇说的，买鱼做饭，然后把荆花放在鱼汤米饭中，试着喂给猪狗吃，结果猪狗吃了没有不死的。这样一来，那媳妇的冤情大白了。

　　因为有冤情，所以老天久旱不雨，当然是迷信的说法。但他提出疑点的理由却是十分充分的，是合情合理的，所以破此案就容易了。

第三，提出疑点，不论它理由多么充足，但毕竟还是疑点，因此，必须在思考过程中考虑怎样才能找到充分的证据。

古时，一个叫齐也强的农民在山间小路上走着，当他走到三岔路口时，觉得口渴得很。这时，正巧从后面赶上来一个小和尚，齐也强看见和尚腰间挂着个水葫芦，便恳求要点水喝。

和尚心地善良，忙从腰间摘下水葫芦递过去，齐也强喝完水，把水葫芦还给和尚。和尚刚要赶路，却被齐也强拦住："小师傅，你去哪里？"

和尚答道："我出家三年，官府刚刚发给我'度牒'，我是到江宁县化缘去。"

听了和尚的话，齐也强顿时萌生出一个恶毒的念头。他想，农民种地太苦，不如出家也当个和尚，杀掉这个和尚，自己冒名顶替，干脆也去化缘。想到这里，齐也强趁小和尚不备，将他砍死后拿走和尚的"度牒"，求人剃个光头冒充起和尚来。

此案很快传到县衙，县令张咏接到报案。

一天，齐也强来到江宁县，向张县令递上"度牒"，申请发给他化缘的证明。张县令看过"度牒"，目光忽然在齐也强的脑袋上停住了，发现他头上有扎头巾的痕迹，便问："和尚是从不扎头巾的，你头上为什么有扎头巾的痕迹？"

"这……"

这时，张县令大喝一声："好一个杀人犯，竟自投罗网了，来人，把他捆起来，押进死牢待审！"

张县令的证据是十分充足的。后来，齐也强不得不将实情一一说出，服了罪。由此可见，光有疑点不行，必须有怀疑的根据才有说服力。

察言观色法

（一）

第一次世界大战期间，法国的城市索姆被德国和法国分别占领，分成了两半。同一城市的居民虽然被分界线隔开，但来往依然不断，战斗间歇中，德占区和法占区的居民纷纷越过分界线去探望居住在另一边的朋友和亲戚，或者购买些生活用品。

在这些来往的人们中，有一个妇女引起反间谍人员的注意。她几乎每天都要穿过分界线，从德占区走到法占区去看望她生病的弟弟，由于她穿越分界线的次数过于频繁，以至防线的双方守护人员都认识了她。法国反间谍人员对她这样频繁来往于两方感到迷惑不解，便怀疑她抱有什么其他目的。

但是，法国反间谍人员找不出她的任何破绽。每一次经过防线接受检查时，都找不出她一点可疑之处，她同一般的妇女一样，总是携带一些诸如鸡蛋、面包或者针线一类日常生活必需品；到法占区的弟弟家后，她也待不了很长时间就离开。总之，她与所有穿越分界线的其他居民别无两样，不像个抱有特殊目的的危险人物。

但是，老练的法国反间谍人员始终不放松对她的警惕。

一天，她又像往常一样从法占区弟弟家返回，提着篮子来到分界线的检查站。一位反间谍人员上前检查。由于常来常往，两个人已经很熟了，反间谍人员边与她谈话，边检查篮子里的东西。

篮子里仍然同往常一样装满了食品——一大堆熟鸡蛋和几个大块面包。法国反间谍人员漫不经心地问这位妇女一些诸如天气等惯常询问的问题，而手却不停地摆弄篮子里的东西，眼睛则注视着妇女的表情有什么变化。

他从篮子里拿起一只鸡蛋，玩弄半天，顺手往上一抛然后用手接住，这样一个并非有意的小游戏却让这妇女面有异样。

机敏的法国人看到了这一变化，于是他继续抛鸡蛋，鸡蛋被抛得越来越高，似乎一不小心就可能摔个粉碎。旁边的人都对这个行为大惑不解。

只有这位反间谍人员看到：鸡蛋抛得越高，妇女越紧张，她满脸通红，神色慌张。莫非这鸡蛋中有什么名堂？

他停下来仔细检查鸡蛋，但找不到任何破绽。蛋壳上没有任何记号和裂纹。但这个妇女何至于这样慌张呢？

于是，他敲开鸡蛋，小心仔细地剥去鸡蛋壳，问题出来了：蛋清上标有小小的符号和字。

经放大和破译之后才知道，这蛋清上小小的符号和字迹，标出了法国各支部队的驻扎区域，法军的全部防线都在这一个个鸡蛋里！

原来，这个办法是德国的一个天才发明的，用醋酸在蛋壳上写字，等醋酸干后再煮鸡蛋，这些字就会被吸收，穿过蛋壳印在煮熟的蛋清上，而蛋壳上却不会留下任何痕迹，别说肉眼，即使显微镜也看不出来。

可是机敏的反间谍人员却通过察言观色，看出那妇女的反常表现，终于识破这一计谋。那个妇女后来以间谍罪被处决。这个故事中所用的思考问题的方法就是察言观色法。

通过察言观色，发现问题进行思考，从中找到解决问题的妙法。察言观色有两种解释：一种是消极的，是指一些人的见风使舵；一种是积极的，是指通过对一个人的面部表情的观察，从而了解这个人的心理，帮助自己制定思考解决问题的方案。这里所使用的察言观色，便是积极意义的。

长州尤翁开了三个典当铺。有一年年底，忽听门外一片喧闹声，出门一看，是位穷邻居。站柜台的伙计对尤翁说："他将衣服压了钱，今天空手来取，不给他就破口大骂，有这样不讲理的吗？"那人气势汹汹，浑然不觉理亏，瞧也不瞧他们，只是嚷道："还我衣物来！还我衣物来！"尤翁从容地对他说："我明白你的意图，不过是为了度年关。多年邻居了，这种小事，值得一争吗？"那个邻居不好意思地低下头去，脸红红的。尤翁命店员找出他的典物，共有衣物蚊帐四五件。尤翁指着棉袄说："这件衣服抗寒不能少。"又指着道袍说："这件算我给你拜年用，其他东西现在不急用，可以留在这里。"那人拿到两件衣服，满脸歉意，感谢万分，立刻离去。

当天晚上，这位穷汉死在别人家里。原来此人同那家人打了一年多官司，因负债太多不想活了。他先服了毒药，知道尤家富贵，想敲一笔钱，不想尤翁那样待他，便不好意思再闹下去，就转移到那一家了。

事后有人问尤翁，为什么能预先知情而容忍他。尤翁回答道："凡无理来挑衅的人，一定有依仗。这位邻居平时不是无赖之辈，他欠人债，到了年关熬不过去，只是想以死销债，敲我钱财罢了。我善待他，他能知羞道谢，便不是真与我有仇，不过是故意寻闹。如果在这件小事上不忍耐，灾祸就会立刻降临我家。"

尤翁就是因为善于察言观色，才从穷邻居无理取闹的表面现象看到了他这种行为的本质，成功避免了一场大祸。

（二）

在使用这一动脑方法时应当注意：

第一，仔细观察，要注意细微的变化。反间谍人员所以能识别间谍，就是他观察得仔细，再善于动脑思考的结果。尤翁也是从穷邻居的表情变化得知他本无恶意，实属被迫无奈之举。

第二，加强调查研究。只有把被观察者的情况搞清楚，才能察言观色得准确。上面的那位法国反间谍人员，如果不把那个妇女放在间谍这个背景中去察言观色进行动脑思考的话，那么他的警惕性也不会那么高，也不会考虑到这个人是不是间谍，更不会从她的表情变化中看穿鸡蛋中的秘密。

巧用日记法

（一）

明朝名臣周忱做事非常认真、热忱。他做江南巡抚时，带了一个本子，亲自记录每天经历的事，重要的细节毫不遗漏。每天的阴晴风雨，也一定详尽记载，周围的人开始都不理解他。

一天，某县有人来报告说，运粮船因江上起风，被吹跑了。周忱就问他："丢船是在哪一天？是午前还是午后？当时刮东风还是西风？"那人支支吾吾胡编了一通，周文襄马上翻开记事的本子，一一和那人查对，发现那人所答全然不对，知道定是把粮船藏匿了起来又来谎报实情。经过审问，那人招供果然如此。周围的人听了，惊叹、佩服不已，由此情景才想到周公平时记日记，不是漫无目的随意写的。周忱所用的思考问题的方法就是日记巧用法。正因为他经常利用这种方法动脑思考，才使他断事如神，令人惊叹不已。由此可见，日记巧用法也是能够产生奇思妙想的方法。

日记的作用很大，一些著名的科学家为了记下他们的观察发现、心得体会、研究成果，大都坚持每天记日记，作为帮助他们日后科研工作上做思考的素材。比如我国气象学家竺可桢几十年如一日，记日记从不间断，打开他的笔记本，可以看到他记录的项目很多很多。又如我国明代大地质学家徐霞客，一生喜好到各处游玩，但他不是单纯的游玩，坚持每到一处就把考察出来的地质情况记载下来，经年累月就汇成了厚厚的《徐霞客游记》，里面详细记载了祖国各地的名山大川、地质风貌、物产人情，是一部不可多得的地理教材，至今仍有很高的学术参考价值。

（二）

　　那么，怎样才能利用好日记进行奇思妙想呢？

　　第一，要坚持记好日记。这只有一个要求，那就是坚持、坚持、再坚持。三天打鱼两天晒网，是无论如何写不好日记的，是记日记的大敌。在坚持记日记的同时，力争将主要事情的原因和状况，实事求是地写清楚。

　　苏联著名教育家马卡连柯有个爱记笔记的习惯，他走到哪里记到哪里。听到人家讲故事，他记下来；外出遇到雨，他就躲在屋檐下，记录下雨的情景；甚至看到一个人的外貌比较特殊，听到人们的对话、争吵，以及其他形形色色的琐事，他都要一一记在随身带着的记事簿上。

　　这样的记事簿有什么用呢？马卡连柯说："实际上，你在写长篇小说时，几乎不会去看记事簿。记事簿的重要性在于它好像是一座竞技场，在那上面可以使你目光锐利起来，能去注意生活中细微的地方，使你养成善于观察和注意的本领，养成不错过和不忽略细小的、然而富有表现力的、并且总是重要的细节的能力。因此，只有不断地记，不要由于懒惰、忙碌和忘记而有一日间断，这样的记事簿才能使你得到益处。"

第二，根据事情发生的时间来查询日记上的记载内容，帮助分析事情的原因和结果，利用日记上的记载思考解决问题的方法。尽管日记中记载的事情或许与眼前发生的事情没有直接的关联之处，但是只要充分利用日记，总能找到一些间接的、也许是相近相通的道理来，对解决问题有一定的帮助作用。

左右为难法

（一）

古希腊有个国王，一次想处死一批囚徒。当时最流行的处死方法有两种：一种是砍头，一种是绞刑。用什么方法来处死这批囚徒呢？国王决定让囚徒自己来选择。选择的办法是：囚犯可以任意说出一句话来，而且必须能立即判断出这句话是真还是假，如果囚徒说的是真话，就处绞刑；如果说的是假话，就砍头。

结果，许多囚徒不是因为说了真话而被绞死，就是因为说了假话而被砍头。也有的干脆不讲话或吓得讲不出话来，而被当做说了真话处以绞刑。

在这批囚徒中，有一个极其聪明的人。当轮到他来选择死的方式时，他来到国王面前问："陛下，如果我说出一句话，你们既不能绞死我，也不能砍死我，该怎么办？"

"那是绝对不可能的。人说的话不是真的就是假的。"国王自负地说，"如果你说的话含糊不清或模棱两可，不能马上验证其真假，我就把你当做说了假话而砍头。"

"我的话十分明确，一听就知道是真是假，"那囚犯说，"只要国王告诉我，我说出的一句话使你们既不能绞死我，也不能砍死我，将怎么处置我呢？"

"如果真像你说的那样，我就释放你。不仅释放你，而且所有还没有被处死的囚徒都可以释放回家。"国王之所以变得如此宽宏大量，是因为他坚信任何人都无法说出一句既不含混又无法辨别真假的话来。

那个囚犯听了国王的回答后说"你们一定要砍我的头。"国王听了，真的感到左右为难起来，因为如果真的砍他的头，那么他说的就成了真话，而说真话的又是应该被绞死的；但是如果绞死他，他说的话就又成了假话，而说假话的人是应该砍头的。因此，他说的话既不能断定是真话，又不能断定是假话。为了遵守自己的诺言，维护王者形象，国王只好释放了他和所有尚未被处死的囚犯。

像这样一种叫人说"是"不行，说"不是"也不行的左右为难的思考问题的方法，就叫做左右为难法。这也是聪明的人常用和擅长的一种动脑方法。

不妨再来看一则幽默小故事是怎样运用这一方法的：

有一次，清真寺请阿凡提去讲道。阿凡提走上清真寺的讲台，对大家说："我要跟你们说什么，你们知道吗？"

"不，阿凡提，我们不知道。"大伙儿说。

"跟不知道我要说什么的人，还说什么呢？"阿凡提说完，下了讲台就走了。

过了些日子，阿凡提又来到清真寺，站在讲台上，说道："喂，乡亲们！"他又把上次的那句话重问了一遍。清真寺里面的客人们想：

上回我们说不知道，他没有把话说出来，那我们这回就说知道吧，阿凡提也许能告诉我们一些道理。于是他们就异口同声地说："我们知道啦！"

"你们知道了，那我还说什么呢？"阿凡提又走了。

清真寺里的人又坐下来商量："我们说不知道他不说，我们说知道他也不说，要是他再来的话，那我们就一半人说知道，一半人说不知道，那个臭要饭的就会告诉我们了。"

阿凡提又来了，还是把前面的那个问题重复了一遍。围在他面前的一半人说："知道了！"另一半人说："不知道！"

阿凡提笑着说："那样的话，就请知道的人告诉不知道的人吧！"说完他又走了。

这只是则幽默故事，但可以看出阿凡提善于动脑。他所使用的方法就是左右为难法，他的话叫人回答不好，不回答也不好。

（二）

那么，在使用这种思考方法时要注意什么问题呢？

第一，要把各种可能性全部考虑在内，不能有遗漏。否则，这一方法就使用不当。

在高高的悬崖上面长着一棵灵芝草。一个姓张的樵夫和一个姓李的樵夫见了，都决心要把这棵灵芝采到手。张樵夫先去采，他用一根又粗又长的麻绳把身体死死捆住，连脖子也着实缚了几道，使得自己连气也喘不过来。接着他便把绳子的一端拴在大树上，顺着陡壁下滑，但是他还没有到达目的地，就被五花大绑的绳子给勒死了。李樵夫看了，心想：绳子绝对不能用，这东西会把我活活勒死的。于是，他索性扔了绳子，徒手攀着陡壁而下，谁知没走几步，他就失足掉进了万丈深渊，跌得粉身碎骨，也死了。

后来，有个王樵夫看到这棵灵芝草，也想去采。当他听到前面发生的事情后，心想：如果用绳子捆住身子，就要勒死；如果徒手攀登，就要摔死——总之，要采灵芝草就得死，于是他就放弃了采灵芝草的念头。

这个王樵夫所用的方法也是左右为难法，但却是错误的，因为还有第三种情况他没有考虑到：如果绳子只捆住身体不勒住脖子，顺着陡壁下滑，就能安全地采到灵芝草。他的错就在于没有把全部可能性考虑在内，不全面就会有遗漏，所以思考问题就会出错。

第二，理由和结论之间，一定有必然的联系，即有理由必然能推出结论来。如果不是这样，那么这个左右为难法使用得也是错误的。

下面来看一个理由和结论之间有必然联系的运用左右为难法的例子：

从前，有一位国王，生了一个非常漂亮的女儿，求婚的人很多。国王便提出条件：找到一块和女儿一样大的宝石，或者说出三件从来没有人说过也没有人听过的非常奇异的谎言，便可以把女儿许给他。求婚的人很多，但都失败了。有个牧童也去求婚，向国王和群臣们一连说了两件谎话，是谁也没有听过和说过的。国王不安，便设一计，对牧童说："另一件谎话等明日再说。"牧童走后，国王便与群臣商议，订出对付牧童的办法："明天不管他说什么，都说他说的是真话，不是谎话。"

第二天，牧童说："我父亲也是个国王，后来得了重病，因我小不能继位，就把王位让给了你，并嘱咐等我长大成人以后，还我王位，并解决婚姻大事。"国王听后，进退两难。如果承认他说的是谎话，就应遵守诺言把女儿许配给他；如果承认他说的是真话，就得把王位让给他。虽然国王很生气，却也实在想不出个办法解决这个难题，最后不得不把女儿许给他做妻子。牧童利用这个两难问题使国王左右为难，最后必择其一，他的成功主要在于他抓住了所说的话和国王的承诺之间的必然联系。

古希腊无神论哲学家伊壁鸠鲁曾经用一个左右为难的方法来证明神的不存在。他说："我们应该承认，神或者愿意但没有能力除掉世间的丑恶；或者有能力而不愿意除掉世间的丑恶；或者既有能力而且又愿意除掉世间的丑恶。如果神愿意而又没有能力除掉世间的丑恶，那么，它就不算是万能的，而这种无能为力，是和神的本性相矛盾的。如果神有能力而不愿意除掉世间的丑恶，那么，这就证明了它的恶意，而这处恶意也同样是和神的本性相矛盾的。如果神愿意而且有能力除掉世间的丑恶（这是唯一能够适合于神的本性的一种假定），那么，为什么现在世间还有许多丑恶呢？所以，结论只有一个——神是根本不存在的。"

由于这个左右为难法，不仅列举了各种可能性，而且从理由必然能推出结论，所以他的论证是严密的、有力的，使人们真正信服神是不存在的。

奇用标点法

（一）

第二次世界大战期间的某一天，在德国法西斯占领下的巴黎的《巴黎晚报》上，刊载了一首无名氏用德文写的诗：

让我们敬爱元首希特勒，

永恒英吉利是不配生存。

让我们诅咒那海外民族，

世上的纳粹唯一将永生。

我们要支持德国的元首，

海上的儿郎将断送远征。

唯我们应得公正的责罚，

胜利的荣光惟卍字有份。

这首诗表面看是献给德国元首希特勒的，难道这位法国无名作者真的这么厚颜无耻吗？不！巴黎人懂得怎样读，他们边读边发出会心的笑声。不久，纳粹下令搜捕这位勇敢机智的无名诗人。

你知道这首诗应该怎样读吗？原来巴黎人在每一行诗的中间加上标点，然后从上到下分两截来读，这首诗便成为这样：让我们敬爱，永恒英吉利；让我们诅咒，世上的纳粹；我们要支持，海上的儿郎；唯我们应得，胜利的荣光；元首希特勒，是不配生存！那海外民族，唯一将永生！德国的元首，将断送远征！公正的责罚，唯卍字有份！

这原是一首"歌颂"希特勒的诗，怎么一下子变成了诅咒纳粹、诅咒希特勒的诗了呢？除了读法的次序不同外，主要的一点就是中间加了标点。正因为中间加上了标点，这首诗才有可能分成两截从上到下的诗。像这样一种巧妙地利用标点从而产生奇妙作用的动脑方法，就叫做标点奇用法。

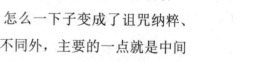

有的时候，巧妙地动用标点符号会使你原来的文字获得意想不到的效果，并由此使人产生各种奇特的想法和绝妙的主意，活跃大脑的思维活动。

一次，苏联老作家安德烈·梭勃里给《海员报》写了一篇短篇小说，题材新颖，颇有才气，但是层次不清，文章显得很杂乱。编辑们不知怎么办好。老编辑布拉果夫主动把稿子拿去，整整搞了一夜。第二天，当编辑们再次看到这篇文章时，一个个都惊呆了，内容是如此风趣，行文是如此流畅，层次是如此清楚，更加令人惊讶的是全篇文章竟一个字也没有增减。编辑们问布拉果夫，这是怎么一回事？

布拉果夫回答说"这里并没有什么秘诀，完全是标点符号的功劳。你们看，这里的每一句，我都打上了标点，还特别仔细地标上了句号。当然，还有分段，也是一件大事情。标点符号就是标出思想，摆正词和词之间的相互关系，使句子易懂、声调准确。标点符号好比音符，它们牢固地缚住文章，不让它散落。"作家安德烈•梭勃里知道后对他佩服得五体投地。

（二）

那么，怎样才能更巧妙地使用标点呢？

第一，只有准确地了解文字的意思以及文字的写作背景才能充分发挥标点的妙用，以表达出奇思妙想的含义。

从前有一个老翁，花甲得子，兴奋不已，结果患了中风，在床上一躺就是 5 年。临终前，他给 5 岁幼儿和女婿留下了一份遗书，遗书上这样写着："六十老儿生一子人言非是我子也家产田园尽付与女婿外人不得争执。"

数年以后，幼子成年要与姐夫分家。家产田园归谁呢？两人争执不休，只好去衙门打官司。女婿申辩说："岳丈夫人在遗书上写得清清楚楚："六十老儿生一子，人言：'非是我子也！'家产田园尽付与女婿，外人不得争执。"县令对无标点的遗书仔细琢磨，提出另外一种点法，把遗产判给了幼子。那县令是这样点的："六十老儿生一子，人言非，是我子也！家产田园尽付与，女婿外人，不得争执。"

究竟谁符合死者原意呢？这就必须对文字的作者以及写作的背景进行分析，这样才能出奇制胜，发挥妙用，叫人心服口服。县令就是这样做的，而且很符合老翁原意（世上哪有把遗产留给外人的呢？）。所以县令才能棋高一着，胜过那个女婿。

第二，利用标点的奇妙作用和标点的含蓄性，帮助人们思考，给人以回味的余地。

法国大作家雨果把《悲惨世界》的手稿寄给一个出版商，好久没有接到消息。雨果便写了一封信去问。信是这样写的："？——雨果"，出版商的回信写着："！——编辑部"。不久，《悲惨世界》这一轰动世界的长篇巨著终于问世了。

像这样的事例很多，简洁含蓄，耐人回味。在一次宴会上，美国著名的社会心理学家巴尔肯博士提出，在座的每个人用最简洁的话写一篇自传。博士的提议，得到了大家的一致赞成。正在大家凝神思考之时，有位神情沮丧的青年，很快就把自传写好了交给巴尔肯。自传是三个标点符号：

——（破折号）

！（感叹号）

。（句号）

这是什么意思呢？青年是这样解释的：一阵子横冲直撞（"——"），落了个伤心自叹（"！"），到头来只好完蛋（"。"）。

巴尔肯给这个自传写了一个评语，也只有三个标点符号：

、（顿号）

……（省略号）

？（问号）

巴尔肯对此解释说：青年时期是人生的一个小站（"、"），道路漫长，前途无量（"……"），岂不闻浪子回头金不换（"？"）。巴尔肯的标点是对这位青年的鼓励。

这两人的标点是多么的含蓄而又意味深长，感人肺腑，充分发挥了标点的作用。

妙用文字法

（一）

大音乐家贝多芬曾经非常崇拜拿破仑·波拿巴。*1804* 年春天，他的《第三交响乐》完成后，他亲自在上面写上了"波拿巴"的名字。意思是这部乐曲是以拿破仑为题材，同时也是献给拿破仑的。他还打算通过法国驻维也纳大使把乐谱送给拿破仑本人。

不久，贝多芬听到了拿破仑已经把法兰西共和国改为帝国和自称皇帝的消息，他气得浑身发抖，高声骂道："凡夫俗子！暴君！"他走到桌前，把乐谱的封面撕得粉碎，然后挥笔改了一个标题："英雄交响乐……纪念一个伟人的遗迹。"直到现在，全世界人民仍然非常喜爱和熟悉这首《英雄交响乐》。

像这样一种巧妙地利用文字达到某一目的的动脑方法就叫做文字妙用法。古今中外，善于巧妙运用文字来解决问题的不乏其人。请看下例：

迄今为止我对你所表示的爱情

全是假的。如今我觉得对你的恶感

与日俱增。我同你见面次数越多，

就越是引起我巨大的反感与厌恶；

就越是使我感到我不能不下定决心

来恨你。你尽可相信，我从未怀有

向你表示求爱之情。我们前次谈话

给我的印象极差，丝毫也谈不上它

使我对你的人品有了很好的了解。

是的小姐，愿你行行好别见我。

如果我们结合在一块，那就一定会

遭到我父母的怨恨，而且一生难得

生活幸福。是的，小姐，我希望你

不要无事自扰，费那个冤枉心思

给我回信。再见！请相信我永远是你

的对头。小姐，我毫无理由成为你

至死不渝的爱人。

这封情书，是一个聪明的男子写给他的女友的。因为女友的父亲反对他们相爱，每一封情书都要进行检查，所以这位聪明的男子便利用这种看似"绝交"的信件，来表达他至死不渝的爱情，他女友的父亲怎么也不会想到去隔行读信的。可见，巧妙地运用文字可以帮助我们解决一些难以直接解决的问题。

（二）

那么，怎样才能更好地使用这一方法呢？

第一，要加强文字方面的修养，打好文字的基础。没有较好的文字修养和基础，是不可能使用这种方法的。

从前，有个恶棍，偷盗财物，奸污妇女，无恶不作，大家都恨他。有一次，这恶棍闯进平民家里，见有一病妇卧床不起，他就揭开被子，将病妇戴在手腕上的玉镯捋了去。病妇呼救，适逢有一勇夫经过，路见不平，将他扭送见官。县官把他当堂收押，并要病妇的丈夫补写一张状子。

123

病妇的丈夫和村里人一商量，大家觉得趁这个机会，一定要除掉这个祸害，否则放虎归山，后患无穷。于是请来了几位书生，共议这张状子，认为其罪状应是"揭被夺镯"。可是后来有位讼师看见这张状纸，认为这样写不能重判这个恶棍。说完，他没有改动一字，却把"揭被夺镯"颠倒成为"夺镯揭被"。这样一改十分巧妙，原来恶棍是一桩罪——夺镯，现在有了两桩罪——既抢劫又奸污病妇，所以后来判了重刑，为村民除了一大害。由此看出讼师文字功底之厚。

第二，要善于用脑，把奇思妙想融于文字之中。

东晋著名书法家王羲之，从山东南来会稽做地方官时，在蕺山，即现在的浙江绍兴昌安门内的戒珠寺，曾置了一所别墅。

乔迁之喜又值新春即临，王羲之雅兴大发，当晚便大摆宴席，痛饮大酌。酒过三巡，他乘兴捻须提笔，铺开大红纸，即席书写了一副春联：

春风春雨春色

新年新岁新景

写完后，他叫儿子贴于门外。谁知刚贴出不久，便被人偷偷地揭走了。他没办法只得再写一联：

莺啼北里

燕语南邻

写完之后，他再叫儿子贴出去，不料，又被那位酷爱他手迹的"梁上君子"盗去了。眼看年关已近，门口却仍旧空空无墨。按当时习惯，如果大年初一门上没有新门联，这是很不吉利的。怎么办呢？王羲之苦思冥想，终于想出了一个办法。

他的办法是把对联写好后，叫儿子剪去一半，然后贴出去。上半截的对联是：

福无双至

祸不单行

这天夜晚，那个小偷又来偷对联了。当他正想把对联撕下来的时候，猛然看到"福无双至，祸不单行"这几个不祥的字眼，立即把伸出去的手又缩了回来，心里直叹倒霉，站了一会儿，便垂头丧气地溜走了。到了年初一的黎明，幽默的王羲之才亲自将下半截春联贴在原对的下面。于是，新对联便成了：

福无双至今朝至

祸不单行昨夜行

附近街坊出来一看，无不拍手称妙。王羲之是经过苦思冥想才想出如何巧妙地运用文字对付窃贼，从而产生了这幅妙对。可见，只有勤于动脑、善于动脑才能把奇思妙想融于文字之中，才能巧妙地运用这种动脑思考的方法。

效应轰动法

（一）

1983 年，美国一家厂商决定把一种叫"超级 *3* 号胶"的强效胶水打入法国市场。但胶水市场强手如林，怎样才能压倒群雄、打开局面呢？巴黎的奥布尔雅和马瑟广告公司的设计师们绞尽脑汁，终于想出了一条妙计。他们制作了这样一则广告：在一个人的鞋底，点上 *4* 滴"超级 *3* 号胶"，然后把这个人倒粘在天花板上，保持 *10* 秒钟。这一切都有人当场鉴定，丝毫不假。这则电视广告播出后，在法国引起轰动，求购的函件、电报、电话应接不暇。不到 *6* 个月，这种胶水就

卖出 50 万支。

"超级 3 号胶"的成功，使其他厂商大为开窍，他们竞相模仿，且大有"青出于蓝胜于蓝"之势。

英国的阿拉迪特公司也为胶水做广告，他们的广告绝招更妙，更吸引人，叫人瞠目结舌！这家广告公司把一辆小汽车的四只轮子涂上胶水，倒粘在广告牌上"示众"。

南非的一家公司竟让一名替身演员用胶水粘在一架飞机的机翼下，在空中飞行 40 分钟！

在"超级 3 号胶"的影响下，其他各行各业的宣传也是奇招迭出。

南非最大的兰特炼金厂，为庆祝建厂 36 周年，特意举办了一次活动，以扩大宣传。他们的经理室内放了一块金砖，旁边竖立了一块木牌，上面写着："任何参观者如果靠人力能将这块金砖拿走，就可以将金砖拿回家去，永远属于自己所有。"

消息传出，人们不远千里而来，工厂里人山人海，各种职业的人都有，其中更不乏体魄健壮、力气过人的小伙子。但是他们一个个都望金砖而兴叹，无法将金砖拿起，更不用说将金砖带回家去了。

原来，那块金砖重 300 公斤，又宽又厚，又光又滑，叫人无法下手。人们虽然拿不走这块金砖，但它引起的轰动效应是显而易见的。

像这样借助一定事物的力量来引起人们对某个问题的普遍关注和极大兴趣并形成社会轰动的动脑方法就叫做效应轰动法。这种思考方法在商业性宣传尤其是广告业中经常被运用。

在日本有家面馆，饭菜一律用大容量的碗、盆来盛放，什么东西都讲究大个儿的。譬如够上四五人吃的装在钵里的超大型"山贼面"，卖 900 日元一碗。但是，这种面条不是随便什么人都能吃得上，顾客要吃面条需要事先预订，然后必须经过与面馆主人面谈，通过面谈达到吃面条的及格者寥寥无几。

一旦及格，顾客拿起筷子吃面条的同时，将一块秒表按下。顾客在规定时间内连面条带汤喝进肚子后，即刻在鼓掌声中举行表彰仪式，授予一张颇为体面的奖状，然后还在店堂内墙壁上的获胜者一览表内记下顾客的大名。据说迄今为止表上才记下了一百多人的名字。除此之外，别的项目还有不少，如用能装进十来瓶啤酒的大玻璃缸子盛满啤酒，谁若能够一饮而尽，改天将再奉送一缸啤酒。

这个消息一传十，十传百，很快全城的人都知道有这么家面馆里有这么些新奇事。不少人怀着好奇的心理来面馆登门造访，甚至有些想贪小便宜的人也打起这家面馆的主意来了。一时间，这家面馆顾客盈门、络绎不绝，每天都门庭若市，热闹非凡，生意自然红火起来。

这家面馆的老板真是个聪明人，普通的食品只是改用了特大号的容器来装罢了，但却因一个"奇"字造成了轰动效应，引起了市民的广泛关注，提高了自己的知名度，解决了吸引顾客光顾的问题。他运用的这一动脑方法便是效应轰动法。

（二）

那么，使用这一方法时应注意哪些问题呢？

第一，认真分析问题，选择最能引起轰动的事或物，然后大力宣传，从"奇"入手。当然亦要注意二者的联系是否必然，合理而适度，不能过分夸大、无中生有，否则只有物极必反。

第二，要事先预测运用这一方法的结果，把握轰动的程度，谨防轰动效应带来的负面作用。有的轰动效应尚需要一个形成过程，未必都有一蹴而就、立竿见影的效果，必须坚持到轰动效应产生为止。

太平洋上有一个还没有开化的无名岛，岛上住的全是土著人。由于长期的生活习惯，岛上居民无论男女老少，四季一律赤着黝黑坚硬的大脚，从未穿过鞋袜。

英国一家制鞋公司的推销员维克和日本一家制鞋公司的推销员小野聪同时来到这个小岛上，想开发这里的鞋类市场。维克拎着一大包各式各样的鞋子挨家挨户去推销，逐个地跟他们讲穿鞋的好处和各类鞋的特点与作用。可是土著人个个表情冷淡，置若罔闻，最友好的表示也无非是笑着对他摇摇头。维克磨破了嘴皮、跑得直不起身来也没卖掉一双，只好心灰意冷地离去了。

而小野聪不同，他每天根据天气情况穿着不同性能的鞋出没在各个居民点，跟土著人打着手势聊天，到他们家串门并跟他们一起干活儿，一句也不提鞋的事。时间一长，土著们终于开始注意他穿的鞋了。土著人发现，小野聪穿的胶鞋底下有齿，雨天走起路来比光脚稳，而且可以直接在浅水里走而裤脚不湿。他们还发现小野聪穿皮鞋在粗石子路上走不磨脚，穿皮靴在荆棘林中走不会被划伤……他们开始好奇地盯着他的鞋议论开来，有的还让小野聪把鞋脱下给他们试试。慢慢地，整个岛上的人都了解了鞋的好处，他们开始接受这个外来的新鲜事物。后来，小野聪在这个对于鞋来说还是一片空白的无名岛上开发了很大的鞋业市场。

这个故事里，小野聪仍然是用效应轰动法来动脑的，虽然这个轰动效应形成较慢，但他坚持下来一样获得了成功。

借鸡打狗法

（一）

从前，有一个国王自以为已经把国家治理得很好了，于是开始迷恋起声色犬马。宫廷之内，美女如云，这且不说，各式各样的狗有几百只，天南地北的鸟有几千只，光是为国王养狗养鸟的就有好几百人。

几位正直的大臣劝国王不要荒废了国事，可国王哪里听得进去。有些大臣三番五次进言劝谏，结果惹怒了国王，他们不是被杀头就是被罢官。国家越来越不像个样子了。

一天，国王最喜欢的一只鹦鹉因病而死，国王知道后大发雷霆，要处死照看这只鸟的人。这时，一位侍臣赶来，只见养鸟人跪叩在地上，吓得不敢抬头。国王的御案上放着鸟笼，鹦鹉的尸体就在里面，国王满脸杀气。侍臣并没有替养鸟人求情，而是想了想走上前又轻又快地捧起鸟笼大哭了起来。

呜呜呜呜……

刚开始，人们都被国王吓坏了，并不在意侍臣的举动，后来侍臣的哭声越来越大，越来越悲。

"呜……呜……"

人们的注意力被他吸引过来。这侍臣哭着哭着竟数落起来，就像村里的老妇人哭丧。

"鹦鹉呀鹦鹉，我一哭你不该死呀！虽说万物有生必有灭呀，呜呜呜呜，可你却是应该长命百岁呀……"

"鹦鹉呀鹦鹉，我二哭你不该死呀！虽说你无非是只鸟呀，呜呜呜呜，可我们大王心上却只有你呀……"

"鹦鹉呀鹦鹉，我三哭你不该死呀！虽说大王给你报了仇呀，呜呜呜呜，可大王也背上了杀人的名呀……"

"鹦鹉呀鹦鹉，我四哭你不该死呀！虽说你飞身归天去呀，呜呜呜呜，可一国百姓难跟随呀！呜呜呜呜……"

……

起初，国王还以为他真是在哭鸟，气也不消，脸色也不改，可越听越觉得有道理，他说的不都是劝我的话吗？因为一只鸟我落个杀人误国的名声也太难听了。于是，国王的脸色渐渐恢复了正常，他免了养鸟人的罪，并下令把鸟全部放飞，把狗全部出卖。从此，这个国王专心政事，国家也治理得很好。

这个侍臣不敢正面直言劝谏国王，却想了个法子，借哭鸟悲鸟来达到使国王知晓玩物丧志误国的道理这一目的。像这样一种不能从正面直接解决问题，而是借助于先解决其他问题来间接解决这一问题的思考方法就叫做借鸡打狗法。像"杀鸡儆猴""指桑骂槐"也是运用了这一动脑方法。

(二)

那么，使用这一方法究竟要注意哪些问题呢？

第一，首先要认真研究，分析所借事物与所要解决的问题，所要达成的目的之间在哪些方面有相近相通之处。既要仔细分析所借之物，又要认真研究所要解决的问题，否则就会犯牛头不对马嘴式的错误。

第二，借鸡打狗一定要巧妙。只有精心设计、巧妙运用，才能使对方不至于从一开始就识破，达到较为理想的效果；否则反而有可能弄巧成拙、适得其反。

北魏大臣李惠任雍州刺史的时候，发生过这样一起案件。有两个人，一个挑着一担盐，另一个挑着一担木柴。两人同时来到大树下，放下担子借着树荫休息。等他们起身准备离去的时候，两人却为了一张羊皮发生了争执，都说羊皮是自己的垫肩之物。两人争吵了半天无法解决，只好在路人的劝说下来找李惠说理。

李惠问过了两人以后，让两人都暂时先出去。李惠想了一会儿，便同主管司法的官吏说："如果拷打羊皮，是否可以知道它的主人是谁？"手下的人都被他弄得丈二和尚摸不着头脑，颇觉奇怪，无人回答。

过了会儿，李惠传那两人来到大堂上，一本正经地对他们说："本官有办法断定谁是羊皮的真正主人了。现在我已把羊皮挂在柱子 上了，你们二人各执一杖，分别在羊皮上用力敲打三下，不是羊皮的主人敲打时羊皮会发出痛苦的叫声。"

两人听的半信半疑，依他说的，各自用杖敲打了三下，但是都没有听到羊皮有丝毫的痛苦之声。这时，李惠走到羊皮边蹲下身来一看，再想了想刚才二人击杖时的表情，他终于明白了，他用手一指挑盐的人说："你是羊皮的真正主人。"

这是怎么回事呢？

原来，李惠在羊皮底下的地上垫了张芦席，那二人六杖打下去，羊皮中掉了些盐抹在芦席上。李惠在席子上发现掉下的是盐而不是木屑，再根据刚才观察到柴夫敲打羊皮前紧张的表情，他就肯定柴夫在说谎。

这个事例中，李惠要直接判断谁是真正的羊皮主人比较困难，他缺少有力的证据。于是他借敲打羊皮时羊皮是否会叫，来达到检查羊皮上掉下的是盐末还是木屑的目的，再根据在一旁观察到的两人对此的心理活动、表情变化，很快就将案件断清楚了。他在这里所用的动脑方法也是借鸡打狗法，只不过伪装得更巧妙，更难以看出他的本意来罢了。

以毒攻毒法

（一）

青年工人牛宝宝，模样儿长得挺帅，就是嘴馋，平常爱占点小便宜。这天下班，他路过个体户开的"香得来"饭店，猛听里面有人热情地喊道："啊呀，科长是您呀！"牛宝宝打了个愣，四下瞧瞧，身边除了影子，连只会跳的蛤蟆都没有，看样子对方是在和自己打招呼。可他抬眼把对方从头到脚看了一遍，却怎么也想不起在哪儿见过面。正在他丈二和尚摸不着头脑的时候，那人已快步走出来，一把挽住牛宝宝，连拖带拽把他朝饭店里拉，嘴里还一个劲儿地套热乎："啊哟，科长啊！您真是贵人多忘事，我是大新电扇厂的张厂长呀。前年，要不是您批给我们那些钢材，恐怕我们厂早就倒闭了。"

牛宝宝到这时才明白过来，对方是认错了人！他正想拂袖而去，却不料，那张厂长"啪"地打了个响榧："老板，添酒，添菜。"这一喊，牛宝宝不会动了，只觉得口水直淌，肚子乱叫，心里在想：送上门的白食不吃，岂不吃亏了？

张厂长拿起酒瓶，给牛宝宝满满斟了一盅，然后恭恭敬敬举到眉前："科长，我代表大新厂全体工人，向您——我们的大恩人敬一盅。"牛宝宝心里憋不住直乐。当下，牛宝宝接过酒盅朝桌上一放。张厂长弄不懂了，忙问："科长，这……"牛宝宝叹了口气说："如今假货太多，我不喝这种杂牌酒。"张厂长心领神会，立刻又喊："老板，有正宗五粮液吗？来一瓶！"

酒一换，张厂长拍拍牛宝宝的肩膀，推心置腹地说："科长，这年头生意越来越难做，今后我们厂全靠您了。"牛宝宝立刻拍拍胸脯说："张厂长，你放一百个心，咱们不拆墙是两家，拆了墙是一家嘛！""好，好！科长真是爽快人，干杯！"接着牛宝宝像是随意似的问道"张厂长，你听说过甲鱼能防癌吗？"张厂长眼睛一眨，回过味来，赶紧又喊"老板，有甲鱼吗？"老板见撞上了大主顾，双脚颠得不离地，忙应道："有，有。先生还需要什么？"牛宝宝见厂长真是昏了头，更不客气了，忙说："要是有大闸蟹，也可以来几只，那东西味道真不错的。"于是又上了大闸蟹。

菜吃完了，张厂长出去买烟。这时，老板笑容可掬地跑过来对牛宝宝说："先生，您吃完了？""嗯！""那付钱……""噢，今天是张厂长请我……"正说到这里，从外面进来一个小孩，径直到牛宝宝面前说："叔叔，有个不相识的人要我把这纸条交给你。"牛宝宝接过纸条，打开一看，立刻惊跳起来。原来那张条上写着："出门忘带钱，暂借先生脸。我吃你做东，不必说谢谢！"到这时候，牛宝宝才明白自己撞上了一个吃白食的骗子，只好付钱。他哪里知道，这是多次被他吃白食、占便宜的同事们想出的用来治他的法子，他们请了一个牛宝宝不认识的朋友，在他下班回家的途中等候他路过依计而施的。这种动脑方法就是一种以毒攻毒法，是专门针对牛宝宝自身的缺点，"以其人之道还治其人之身"。

实际上，以毒攻毒法就是一种寻找对方存在的缺点，并利用这个缺点去对付对方的动脑方法。

（二）

那么，使用这一动脑方法时应注意哪些呢？

（1）要认真分析问题，抓准对方的弱点或错误，研究对策。有的时候，对方的弱点或错误就在对方自以为是的地方。

（2）要以毒攻毒一定要小心谨慎，巧妙设计，让对方在不知不觉中落入自己的陷阱中去。否则，就会引起对方警觉，就难以"以其人之道还治其人之身"了，甚至会造成于己不利的损失。

来看一个事例：

某市电视制作中心的化妆大师陈禹桥，正在家中伏案编写《化妆技巧》一书，突然响起悦耳的电子门铃声，陈禹桥忙站起来去开门。

一条汉子神速地闪了进来，随手关上门，从腰间掏出一把明晃晃的匕首，抵着陈禹桥的胸脯威胁道："陈老师，请别乱叫，不然别怪我不客气！"

陈禹桥被这突如其来的凶神恶煞吓呆了，连连后退，竟不知如何是好。那汉子见吓住了陈禹桥，忙放下匕首自我介绍道："咱明人不说暗话，我叫上官东庚，从拘留所逃出来后，撬了一家银行，伤了一个营业员，因为我需要钱，我要带着这些钱远走高飞！"

陈禹桥随着他的手势往地上一看，一个沉甸甸的黑色大提包搁在罪犯的脚旁，心想里面一定装了很多窃来的钞票。这家伙是个越狱犯，可恶的亡命之徒。他稍稍镇定了一下，问："我一个手无缚鸡之力的人，能帮你什么忙呢？只怕你找错门了。"

上官东庚"嘿嘿"一声冷笑："在全市，甚至在海内外，谁不知你大名鼎鼎的陈禹桥是个了不起的化妆大师？凡经你精心化妆的人，美的可变丑，丑的可变美；年轻的可变成年老的，年老的可变成年轻的。现在，通缉我的布告贴满了全城，只要我稍一露面，随时都有被抓的危险。所以，我就是找你这神奇的化妆师来帮助我的。"

陈禹桥沉思片刻后爽快地说："好吧，我给你化妆。我会使你满意的，只怕到时候连你自己也认不出来。""我需要的正是这样的效果！"上官东庚狡诈地一笑。

陈禹桥待上官东庚坐下后，拿出化妆工具专心致志地给他精心化起妆来。不一会儿就化妆完毕。上官东庚迫不及待地拿着镜子仔细照看，高兴得差点跳起来，他看起来一点儿也不像他原来的模样。上官东庚十分满意地感谢了一番。末了，他拿出一根带子对陈禹桥说："陈老师，不是我多疑，为了安全只好暂时委屈你一下，我得将你捆起来，嘴巴也堵起来。"

等他办完了这些，上官东庚径自向火车站走去。火车来了，他跟着人流排好队进站。检票时，突然两个便衣警察一把抓住了他的后衣领，冷冷地说："朱射阳，看你这个杀人犯哪里逃！"上官东庚大惊失色，使出吃奶的劲反抗说："你们是干什么的？你们抓错了人，我不是朱射阳，更不是杀人犯，快放了我！"两个便衣警察不容他分说，一拳一脚将他打倒在地，铐上手铐把他带到公安局去了。

这是怎么回事呢？

原来，陈禹桥在给上官东庚化妆时，运用了以毒攻毒法。他知道上官东庚要化妆是为了躲避公安人员的追捕，越不像他自己他就越满意，但是这种歹徒罪大恶极又不能放过他去贻害社会。于是，陈禹桥就根据罪犯的这种心理，将三天前电视台播出的另一通缉犯朱射阳的脸化妆到上官东庚脸上，让这个逃犯变成了另一个逃犯。果然，上官东庚很快就被擒获了。陈禹桥这一招移花接木，十分巧妙地以毒攻毒，使罪犯难逃法网，为此他受到了有关部门的嘉奖。

整体思考法

（一）

整体思考法，又叫全面思考法，是在各种情况下，考虑所有因素的一种思维方法。当你要做一件事、想一个办法，或做一个决定之前，运用整体思考法，能帮你有效地扩展视野，并使你对目前所面临的情况进行全面的分析。否则就很容易做错事。

譬如，13 世纪时，北威尔士王子列维伦有条忠实而凶猛的狗——盖勒特。一天，王子出猎，留狗在家看护婴儿。王子打猎归来后，看见血染被毯，婴儿不见了。而狗呢，一边舔着嘴边的鲜血，一边高兴地望着主人。王子大怒，抽刀刺入狗腹。盖勒特惨叫一声，惊醒了熟睡在血迹斑斑的毯子下面的婴儿。到这时，王子才发现屋角躺着一条死去的恶狼。原来，盖勒特为了保护小主人，咬死了恶狼。可是王子只看到了狗嘴边有鲜血，又没看到婴儿，就断定是它吃了婴儿，而怒火中烧误杀了自己忠实的狗。事后，王子悲痛万分，把狗埋葬在自己的公馆里。"误杀义犬"的例子，就反映了生活中一些人不能很好地运用整体思考法，认识和判断事情仅考虑部分因素，很容易做错事。

（二）

整体思考法是一种重要的动脑方法。在运用它的时候，必然要注意两点。

第一，想问题的时候必须要从整体出发，从全面出发，不能仅从局部、片面出发。

宋真宗大中祥符年间，皇宫失火，一夜之间，大片宫室楼台、殿阁亭榭变成了废墟，于是，宋真宗命晋国公丁渭迅速修复宫殿。这是一项重大工程，困难很大。可丁渭不愧是一个善于思考的人，他首先下令在大街上挖一条土沟，挖出的土作为施工用土，这样就不需要到远处去取土了。其次，他把汴水引入新挖的大沟中，大批的木材、石料等建筑材料就可以从水沟里直接运到工地。在建筑任务完成以后，排除堑水，把工地上所有垃圾倒在沟内，填为平地。这就是有名的"一举而三役济"的故事。这个办法"省费以亿万计"，还大大缩短了工程的期限。丁渭所用的思考方法，就是一种整体思考法。如果丁渭不采取这种方法，而是着眼于部分、局部，各自分头解决取土、运输、处理垃圾等问题，那么不但会造成财政上、时间上的浪费，工程现场还很可能乱成一团，城内的交通秩序也要受到极大的干扰。丁渭正是使用了这种从整体出发考虑问题的动脑方法，才产生了如此奇特的效果。

其实，这种方法，在聪明的学生中也是经常使用的。请看一例。

齐白石是我国著名的国画大师，来齐府登门求师学艺者可谓络绎不绝。

有一次，三个学生想上门求教，走到齐老的门口，只见门上写了一个"心"字。其中一位学生转身便走了，另两位学生却上前敲门，结果被齐家的人劝了回去。

次日，他们三个人又来到齐老家门口，发现门上换了个"木"字。头天先走的那个学生立刻上前叩门，白石老人笑吟吟地开门迎客了。

这是什么道理呢？原来第一次门上写的"心"字，实际上是一个"闷"字，说明齐老情绪不好，不会客。第二次门上写的"木"字，实际上是一个"闲"字，说明齐老清闲无事，可以见客。

为什么"心"字会变成"闷"字呢？为什么"木"字会变成"闲"字呢？如果仅仅就字论字，只从部分看，那么"心"和"木"字自然不会变成"闷"和"闲"字的。只有把"心"和"木"字与齐白石家的大门联系起来思考，才能得出这个答案。那个学生比较聪明，他善于运用整体思考法动脑。

当你做一件事时，如果你的动脑被限制在一定的范围内，那么即使你觉得自己已经考虑得足够多了，但仍有可能漏掉某些因素，而忽略了这些因素，所做的决定很可能就是错误的。因此，动脑时必须拓展思路，尽量多挖掘应当加以考虑的因素。

古时候，有个人家养了一头母牛。主人要请客，想挤些牛奶招待客人。但转而一想，现在离请客还有一个月的时间，如果每天把牛奶挤下来，牛奶容易变酸，不好保存；不如就利用牛肚皮暂时储藏一下，临到请客时一次挤出，又多又新鲜，不是很好吗？打定了主意，主人便把母牛和那只还在吃奶的小牛隔离开，牛奶也不挤了。请客的那天到了，客人们纷纷光临，主人把母牛牵了出来，却怎么也挤不出奶来了。这个主人只想到了牛奶挤出来以后容易变酸、不好保存的一面，却忽略了母牛不挤奶、不给小牛喂奶，奶水会堵塞乳腺分泌管而不会再有奶水这个重要因素，当然闹出了大笑话。

第二，当整体利益和局部利益发生矛盾时，要坚持整体利益，放弃或者牺牲局部利益。

以上两点对动脑十分重要。如果不注意的话，就会吃尽苦头、屡遭失败。这方面的教训是很多的。在江苏海安县邓庄乡七组，人们可以看到大片稻浪随风起伏，一派丰收景象。令人奇怪的是，就在这片稻浪中，有一块地的水稻稀稀落落，黄矮瘦小，与大片齐刷刷、绿油油的田块形成鲜明的对照。原来这块土地的耕种者周某在去年秋天稻谷上场后，将这块面积为 1 667 平分米的田地挖去了一尺表土，卖给了附近的砖瓦厂得了 1 000 多元。由于表面熟土被挖，有机质含量锐减，今年春天的稻苗长得就像枯草，夏熟时稻子的收成每亩还不到 75 千克。水稻栽插后，尽管下足了基肥，用了不少化肥，可是水稻长势仍不见好。为此，有人给周某算了一笔账：夏熟时麦子少收 1 000 多斤，损失了 400 多元，而秋熟减产已成定局，损失重大。今后即使加倍施用有机肥，要想使这块地恢复元气，至少需要 5 年时间。经过这么一算，这位中年庄稼汉后悔不迭地说："早知这样，当初我真不该赚这块良田的黑心钱啊！"

这个农民错在哪里呢？他错就错在思考问题时缺乏整体观念，只顾眼前利益，不顾长远利益。他根本不知道，也不会运用整体思考的动脑方法去看待问题，目光短浅，必然会吃尽了苦头。

综合归纳法

（一）

所谓综合归纳法，就是在头脑中把客观事物的各个方面综合起来并加以归纳整理的一种思考方法。这种动脑方法也需要尽可能地掌握影响问题的多种要素，从多方面弄清事情的真相，再加以归纳整理、简化概括，从繁杂的表面现象甚至是看似毫无关联的事物中找到问题的实质，提出简便易行的解决方法。

在 20 世纪 30 年代，正当希特勒扩充军队，加紧准备发动第二次世界大战的关键时刻，英籍作家雅各布写的一本书出版了。在书中他详尽地介绍了希特勒军队各军区的情况。希特勒知道以后，暴跳如雷，立即命令将雅各布绑架到柏林。在审问中，雅各布说他的全部材料都是从德国公开发行的报纸上得来的。雅各布的回答使在场的德国人目瞪口呆，面面相觑。

雅各布是怎样从报纸上得到希特勒极其机密的军事情报的呢？原来，他长期注意德国报刊上关于希特勒的各种情况的报道，一一搜集，就连丧葬讣告和结婚启事之类的材料也不放过。日积月累，他把搜集来的大量德军情报，制成卡片，然后再加以精心分析，认真综合，作出判断，终于捕绘出一幅德军组织状况的图画。而这幅图画竟然与真实情况基本相符，对此德军头目怎能不惊恐万状呢？

雅各布之所以能做到这点，就在于他尽量多地搜集材料，材料很丰富，连讣告都不漏掉。在这样众多而详尽的材料基础上，自然就为综合归纳提供了可靠的保障。而在综合归纳时他又不主观片面，不自以为是，结果得出的结论就和客观情况基本一致。

再来看一例。

杜德尔是美国《华盛顿邮报》驻莫斯科首席记者。1984 年初的一天，他发回报社一条令世界震惊的重大新闻：苏联最高领导人尤里·安德罗波夫去世了，苏联政局一切正常，没有发生异常情况。

但是，美国中央情报局、美国驻苏大使馆和国务院核实《华盛顿邮报》这条拟发新闻稿时，都对其真实性表示怀疑。为慎重起见，这篇头条新闻被移到了二版、八版的不起眼的位置上。然而，第二天上午，苏联的讣告却证实了杜德尔的新闻稿。事后，苏联及世界许多大国情报组织都怀疑杜德尔是用重金收买了苏联高级官员。然而，当杜德尔述说了自己的分析过程后，人们不得不佩服他独特的新闻嗅觉和细致入微的洞察力。

杜德尔的分析过程是这样的：

——安德罗波夫173天没有公开露面，近几天不时有关于他身体欠佳的消息。

——这天晚间的电视节目把原来安排的瑞典流行音乐换成严肃的、类似哀乐的古典乐曲。

——苏共高级官员利加乔夫在一次向全国发表电视讲话时，破天荒地省略了按惯例必须向安德罗波夫问候的习惯。

——他驱车经过苏军参谋部及国防部时，发现大楼里以往这个时候仅是少数窗口有灯光，而这几天几百间房里灯火通明。

杜德尔把这些迹象综合地联系在一起，最后得出结论——安德罗波夫已去世。

外国情报部门都不知道安德罗波夫已经去世，而杜德尔这位新闻记者却早早地知道了，他的这种想法是从哪里来的呢？显然，杜德尔善于动脑，他采用的动脑方法就是综合归纳法。

（二）

综合归纳法也是一种常用的、有效的动脑方法。那么，在使用这一方法时要注意哪些问题呢？

第一，要尽量多地去积累材料，这样得出的结论才真实可靠。

第二，要避免主观片面性。如果主观片面地看问题，那么就不可能全面地搜集材料，也不可能得出正确的结论。雅各布和杜德尔的成功正是因为他们较好地做到了这两点。

实际生活中，有些人不善于运用综合归纳法来动脑，除未能尽可能多地积累材料、了解情况外，还跟他们不能把这些材料、情况加以综合概括、归纳整理有关，他们发现不了事物间的联系。

举例来看。

从前，有一个呆头呆脑的小财主，叫孙万，他的仆人叫二愣，比他更傻。

这一天，孙万要到亲戚家办一件急事。可他一觉醒来太阳已经老高了，就脸也没顾得上洗，带着二愣上了路。俗话说，忙中难免出错。孙万总觉得地不平，走起路来似乎一腿长一腿短，很不对劲，心里就犯开了嘀咕：怎么回事呢，睡了一宿难道把一条腿睡短了不成？

就这样心事重重地走着走着，忽然他看见了一位很有名的郎中。孙万让二愣请来郎中，说明了缘由，求郎中给他诊治。郎中依他说的，扳起他的腿察看了半天，哪也不疼不痒，没看出有啥毛病。郎中便让孙万脱掉靴子看看他的脚，孙万刚把靴子脱掉，郎中就前仰后合地笑起来："你哪有什么毛病，是穿错了靴子！你看，这靴子底儿一个厚一个薄呀！"

孙万这才如梦初醒，很不好意思，忙喝令二愣马上回家，给他找一双底子一般厚的靴子来。二愣不敢怠慢，赶紧掉头往回跑。

孙万坐在路旁心急火燎地等着，盼了许久，才见二愣两手空跑回来。孙万急忙问他："靴子呢？我让你拿的靴子呢？"

二愣气喘吁吁地答道："老爷，你的靴子换不成了。我在家找了好半天，找到了一双靴子，可我拿起来一看，也是一只底儿厚一只底儿薄！就没拿，拿来又有什么用呢？还是这样走吧！"

孙万怒冲冲地说："这是哪个坏蛋捣的鬼？把我的靴子都弄得一底儿厚一底儿薄的,待我回去,一定要查清楚。"说罢,主仆二人没了辙,只好深一脚浅一脚地硬着头皮继续赶路。

这主仆二人确实傻得够水平,他们傻就傻在僵化地、孤立地看待事物,不能综合归纳整理出事物之间的联系,自然他们的动脑是错误的,无法找到解决问题的办法,闹出了大笑话。

再来看一例。

从前,有个油匠师傅收了两个徒弟。这两个徒弟向师傅学手艺都很用心,很勤快,又都一样手巧,但不知哪一个更聪明。于是,师傅想了个办法来考考两人。

有一天,师傅拿出两袋花生交给两个徒弟说:"你俩去剥这些花生,一人一袋,看看是不是每一粒花生仁都有粉红色的皮包着。现在你俩就去剥吧,看谁先来回答出我的问题。"

大徒弟一听,扛上一袋花生就往家跑,回到家连饭也顾不上吃,就急急忙忙剥起来。二徒弟一面扛着花生回家,一面思考着怎样回答师傅的问题。

大徒弟一刻不停地剥着花生,怕师弟赶过自己,还打发妻子去打探消息。妻子回来说,二徒弟只剥了一小捧就不剥了。大徒弟一听,心里十分高兴,认为这下子自己可赢定了,就更加卖力地剥,熬了一个通宵,总算剥完了所有的花生,知道花生仁都有红皮包着,就赶紧跑去找师傅,却发现二徒弟早就等在师傅那里了。

二徒弟其实只花了一顿饭工夫,就知道了正确的答案。原来,二徒弟很善于动脑筋,他并没有剥完全部花生,而只是挑了几颗鼓的,几颗瘪的,几颗大的,几颗小的,几颗两个仁的,几颗三个仁的,总之,每样几颗，总共不到一小捧，把这些花生剥开后，他发现每粒花生仁都有粉红色的皮包着，于是他便知道所有的花生仁都有粉红色的皮包着。

动脑思考问题时，我们要尽可能多地搜集有关问题的材料。但是如果不懂得去分析、综合和归纳，这些材料再多也不过是一个个零散的"零件"罢了，始终不能发现它们之间的关系而组成一辆"汽车"来。在这个例子中，二徒弟之所以能很快找到问题的答案，关键在于他善于动脑，对花生进行了分析、归纳，再分别剥开有代表性的花生，最后把发现的情况加以综合得出了正确的结论。

善于借鉴法

（一）

1928 年 2 月，驻扎在中东前线的英军第 60 师奉命进攻杰里科。该师收到司令部指示，先拿下密奇曼希村，为进攻杰里科做准备。师长派某旅脱离主力部队，去攻占密奇曼希村所在的险要山头。

该旅指挥官感到任务艰巨，再加上地形不熟，觉得难上加难。这时，一位叫吉尔伯特的年轻少校帮助了他。这位少校熟读《圣经》，记得里面提到过密奇曼希这个地名。他打开《圣经》发现其中有这么一段记载：

"……腓力斯人在密奇曼希扎营……某日，索尔之子乔纳森对替他提盔甲的青年说，来，让我们到另一边的腓力斯人的驻地去……乔纳森在小径上行走，寻找去腓力斯人驻地的道路。小径的一边有块陡峭的岩石叫博泽兹，另一边也有块陡峭的岩石叫塞尼。博泽兹石朝北与密奇曼希村相对，塞尼朝南面向吉比。乔纳森对年轻人说，让我们到他们的驻地去……乔纳森和那位年轻人在半英亩土地上进行第一次冲杀，杀死了*20人左右*。"

这段具体的记载使吉尔伯特得到了关于密奇曼希路径的重要情报，他建议旅长仿效乔纳森。旅长派人经过侦察，发现道路恰如《圣经》中所描述的那样，于是采用了少校的建议，改变了以整个旅做正面进攻的计划，派一连人去袭击土耳其人。结果，这次袭击完全成功。英军只损失了极少数兵力。

时隔数千年，英国部队重演了《圣经》中乔纳森作战的神话，竟然取得了成功，这不能不说是一个奇迹了。

这个奇迹是如何产生的呢？原来这个少校巧妙运用了善于借鉴法，即借鉴和利用别人的经验为自己所用的方法。这一方法在日常生活中经常为人们所运用。古人云："它山之石，可以攻玉。"善于借鉴法乃是利用他人经验中与自己面临问题中的类似、相近、相通之处来动脑解决问题。如面包发酵后变得松软多孔，这是食品制作中习以为常的事情。有一家橡胶厂的老板，从这里得到了灵感，将面包发酵原理移植到橡胶制造中，竟发明出一种海绵橡胶。这种新材料的性能比普通橡胶还要优越，新产品上市后销路极佳。另一家水泥制品厂看到海绵橡胶脱颖而出后，也尝试用发泡原理进行技术革新，结果开发出质地坚而轻的"发泡"水泥制品。这种多孔混凝土内含有空气，是理想的隔热、隔音材料。还有人在生产合成树脂时吹入空气，让树脂发泡，结果得到的是超轻型纱布代用品。也有人把吸管插进肥皂液中吹气，然后将发泡的皂液凝固，便发明出一种能漂浮于水面的松皂。

借鉴如同移植，就是将某一领域或几个领域中成功的原理、方法、结构等，转移、应用到新的领域以求创新的一种方法。这是科学发现的一种主要方法，大多数的发现都可以应用于其他领域，而应用于新领域时往往有助于促成进一步的发现。历史上重大的科技成果有时就来自借鉴。

古希腊时，叙拉古国王叫一个工匠做一项纯金的皇冠。皇冠做好了，式样精巧别致，重量也跟给的黄金一样重，宫廷上下人人称好。可是国王却起了疑心：工匠有没有在皇冠里掺进银子？国王想起了阿基米德，便将他请来，要求他在不损坏皇冠的前提下，想办法测定出皇冠里是否掺了假？

这可是个难题。阿基米德回家苦思冥想了几天，吃不下饭，睡不好觉。一天，他在洗澡的时候发现，当他的身体在浴盆里沉下去的时候，就有一部分水从浴盆边溢出来；而且，他觉得入水越深，体重就越轻。"找到了！找到了！称量皇冠的办法找到了！"他跳出浴盆，欣喜若狂地喊起来。

阿基米德立即进宫，他对国王说："请允许我先做一个实验，然后才能把结果报告给您。"国王同意了。

于是，阿基米德将与皇冠一样重的一块金子、一块银子和皇冠，分别放在水盆里，只见金块排出的水量比银块排出的水量少，而皇冠排出的水量比金块排出的水量多。阿基米德自信地对国王说："皇冠里掺了银子！"

国王没弄明白，要阿基米德解释一下。阿基米德说："一千克的木头和一千克的铁比较，木头的体积大。如果分别把它们放入水中，体积大的木头排出的水量比体积小的铁排出的水量多。我把这个道理用在金块、银块和皇冠上。因为金子的密度大，银子的密度小，那么同等重量的金块和银块，必然是银块体积大于金块的体积，放入水中，金块排出的水量就比银块少。刚才的实验，皇冠排出的水量比金块排出的水量多，说明皇冠的密度比金块密度小，从而证明皇冠不是用纯金制造的。国王听后信服了。

这里，阿基米德从洗澡中得到了灵感，把同等重量的木头与铁块在密度和体积上的关系，以及它们在排水量大小关系上的道理，借鉴到同等重量的金块、银块和皇冠上，通过观察三者排水量的多少，来判断皇冠里有没有掺假，以事实证明了那个工匠私吞了黄金。阿基米德的这种动脑方法就是"善于借鉴法"。

（二）

那么，要使用这一方法应该注意哪些问题呢？

第一，要认识到借鉴的内容是多种多样的，上至天文下至地理，以及民俗知识等都可以借鉴，中外各国的历史、人和事，各行各业的有关材料都可以借鉴。

第二，在进行借鉴时，要注意确切性、适当性，这样才有说服力。

古代，有些地方十分信奉鬼神，即使在军队中也不免如此。大将狄青出征时，大军才走到永林的南边，狄青就祈祷说："出兵打仗，全靠神明保佑。"说着，就从袋子里取出一百个铜钱来。狄青把钱拿在手里与神明相约道："这次出征我军果真能大获全胜的话，那么，我朝地上掷下这一百个铜钱，就让它们全部都是正面朝上吧。"

这时，狄青的左右随从赶紧劝阻说："倘若不是全部铜钱都正面朝上，岂不会动摇大军取胜的信心。"

狄青不听劝阻，成千上万的官兵正敬重而惊疑地注视着。只见狄青把手举起，急速一挥，将一百个铜钱朝上一掷，落地一看，铜钱竟个个都是正面朝上！消息传开，全军上下即刻欢呼雀跃，声浪震动着山林旷野。狄青命令左右，叫他们拿一百个钉子来，依照铜钱散布在地上的位置，用钉子钉好，再用青纱笼罩上。狄青还自己亲手给它们逐一加封，然后说："等我们大军得胜归来时，拜谢神灵之后再拾起这些铜钱来。"

以后，狄青挥师扫平了敌兵，率领军队归来，按照出征前说的话前来拜神取钱。当将帅和士大夫们都来看这一百个铜钱时，他们找到了铜钱之所以全部正面朝上的原因。

原来，这一百个铜钱是狄青为了鼓舞士气特地定做的，它们腹背都一样，全是正面。

狄青的这个主意是十分巧妙的，取得了预期的效果。为了达到鼓舞军队士气的目的，他动脑时善于借鉴和利用了民间的迷信活动和将士们对鬼神的虔诚心理，巧妙适当地加以运用并取得了成功。

以小见大法

（一）

商纣王即位不久，命工匠为他雕琢了一把象牙筷子。纣王的庶兄、贤臣箕子见了叹息说："象牙筷子肯定不能配土瓦器，而要配犀角雕的碗、白玉琢的杯。有了玉杯，其中肯定不能盛野菜汤和粗豆做的饭，而要盛山珍海味才相配。吃了山珍海味就不愿再穿粗葛短衣，也不愿再住茅草陋室，而要穿锦绣的衣服，乘华贵的车子，住高楼广室。这样下去，我们商国境内的物品将不能满足他的欲望，还要去征收远方各国珍贵奇怪之物。从象牙筷开始，我看到了以后的发展，禁不住为他担心！"

果然商纣王的贪欲越来越大。他抓了成千上万的劳工修建占地1.5公里的鹿台和白玉为门的琼室，搜罗珍宝、奇禽怪兽以之充塞其中。同时在鹿台旁以酒为池，悬肉为林，命一群男女在其中相戏逐，而纣王狂笑着观看取乐。这时，不仅宫中的人反对他，士兵倒戈反商，全国老百姓也都纷纷起来造反。最后，纣王死在鹿台的熊熊烈火之中。

从一把小小的象牙筷子，箕子就能看到商纣王必将贪欲日增，一天天地腐败下去，商国最后要灭亡。类似于这种动脑的方法叫以小见大法。以小见大法是从小的地方或不显著的地方能看出包含在其中的大的方面或者后果的一种有效的思考方法。

从前，有位小朋友，一次走路不小心，踩着别人扔在路上的香蕉皮，一下滑倒了。过路的人哄地一笑，停下来望他。这位小朋友爬起来，拍拍屁股上的灰土，红着脸跑了。后来，这位小朋友长大了，成了一位工程师。有一天，他回忆起小时候的这件事，忽然想到：为什么香蕉皮那么滑，而梨子皮、苹果皮等其他水果的皮没有那么滑呢？这里面一定有个奥妙。于是，他用显微镜观察香蕉皮，发现一块香蕉皮由几百个薄层构成，层与层之间结构松弛，含有丰富的水分，所以十分滑。这位工程师意识到，如果把这一原理应用到工业中，一定会出现奇迹。经过多次实验，他终于发明了最好的润滑材料——二硫化钼润滑脂，并被誉为"润滑之王"。这位工程师就是运用了以小见大法动脑筋，仅仅通过小时候踩香蕉皮摔倒这件小事，就联想到工业上润滑材料的大的革命，实践证明他的这种以小见大的大胆联想是正确的。

（二）

那么，我们在使用这一方法时，应该注意什么问题呢？

第一，要认真地对待任何事物，哪怕是再小的方面也不能忽略。

公元前 627 年，秦国的大将孟明视、西乞术、白乙丙带军去攻打晋国的邻国郑国时，在崤山被晋国的大将先且居等捉住了，装在囚车里押往晋国的太庙关了起来，等待晋襄公处置。

晋襄公的后母文嬴是秦穆公的女儿，听到了秦国打了败仗和孟明视等全被逮住的消息，恐怕晋国和秦国的冤仇越结越深，就赶忙来见晋襄公。她对晋襄公说："秦国和晋国是亲戚，向来彼此帮忙。为了孟明视这群年轻的武人自己要势力，弄得两国伤了和气。我想秦伯一定也恨他们三个人。要是我们把他们杀死了，恐怕两国的冤仇越结越深，不如把他们放了，让秦伯自己去处治他们，他必定会感激咱们的。"晋襄公说："已经逮住了的老虎怎么能放回山去呢？"文嬴说："成得臣打了败仗，就给楚怀王杀了。难道秦国没有军法吗？再说咱们的先君惠公，也给秦人逮住过，可秦伯把他们放回来了。你父亲全靠秦国才做了国君。难道咱们连这一点儿情义都忘了吗？"晋襄公听后觉得很有道理，就把秦国的三个败将放了。

这时候大将先轸正在家里吃饭。等到他手下人把晋襄公放走秦国败将的消息报告给他时，他赶快吐出嘴里的饭，三步作两步地跑去见晋襄公，怒气冲冲地问道："秦国的败将在哪儿？"晋襄公一听慌了神，他结结巴巴地说："母亲让我把他们放了。"先轸一听，直气得青筋暴跳，朝晋襄公面前啐了一口说："你真是任事不懂！将军们费了多少心计，士兵们流了多少血汗，才逮住了这三个人。你就凭她一句话，把他们给放了。唉！晋国必遭后患。"晋襄公很抱歉地说："这是我不好。可怎么办呢？不知道能不能追上去？"大将阳处父自告奋勇地说："我去追！"先轸对他说："你要是能追上他们，好言好语地请他们回来，就是一等大功！"阳处父手提大刀，上了战车，连连加鞭，飞也似的追上去了。

孟明视、西乞术、白乙丙恐怕晋襄公后悔，就拼命地跑，连吃奶的劲儿都使出来了。等到阳处父追上来时，他们已经上了秦国蹇叔安排在黄河边的渔船，小船刚离开岸边。阳处父连忙嚷道："秦国将军慢点儿走，我家主公一时忘了给你们预备车马，叫我追上来送给你们。请你们收下吧！"孟明视站起来，向阳处父行了礼说："蒙晋侯不杀之恩，我们已经万分感激，哪儿还敢再受礼物？要是我们回到秦国还有活命的话，那么再过三年，我们理当亲自到贵国来道谢。"阳处父还想说什么，只瞧见那只小船越去越远了。果然，到了公元前 624 年，也就是秦晋崤山之战后的第三年，孟明视等率大军前来攻打晋国，最后晋国战败了，不得不向秦国俯首称臣，晋襄公想起当初后悔不迭。

面对同一件事，先轸以小见大，从晋襄公放走三名秦国败将就知道晋国必将大祸临头，时间证明了他的想法是正确的，并不是杞人忧天。相反，晋襄公不会小中见大，悟不到"放虎归山，后患无穷"的道理，直落得个向秦国俯首称臣的结局。

下面再来看一个现代的事例。

几十年前，移动电话还处在模拟机的年代，著名的摩托罗拉公司在模拟机销售上占据了世界移动电话市场的70%以上。一位摩托罗拉公司的华人经过多年的研究，成功地研制出了移动电话中文字幕的技术。当时，一家名为诺基亚的移动电话商向摩托罗拉公司提出要购买这种中文字幕技术。由于诺基亚是一个小公司，中文字幕技术在模拟机占绝对优势的时代尚无一席之地，摩托罗拉公司根本没把这家市场占有率不高的公司放在心上，轻而易举地便将这一珍贵技术出售给诺基亚。

信息时代飞速发展，几年工夫，模拟机已经失去了市场，越来越多的数字机大量占有了移动电话的客户。虽然摩托罗拉公司及时转换机型，迅速研制出适合最新市场要求的机型，然而由一家公司雄霸市场的日子已成为过去。新的公司迅速成长起来，造成了移动电话三大公司瓜分天下的局面，除老牌公司摩托罗拉外，其中还有一个后起之秀就是诺基亚。摩托罗拉人一直想不通，为什么一时大意将自己的宝贵技术资源出售给了对手？如果当初谨慎考虑的话，今日不是少了一个主要的竞争对手吗？

摩托罗拉人由于不懂得以小见大地思考问题，因小失大，独家雄霸移动电话的时代一去不复返了。商场如战场，任何一个疏忽都会导致一败涂地。所以，专家常常告诫我们："千万不要轻视任何对手，哪怕他是那么的微不足道。"

第二，对任何事都要周密思考，一旦发现问题要及时处理，避免产生严重的后果。对人要用发展的眼光来看待，善于发现每个人所具备的优点和长处，并大力推荐和使用人才；反之，要防微杜渐，不可姑息养奸。

丁鸿是东汉时期人，他才学出众，通晓经书，深得皇上赏识，名声很大，远近几千人前来向他请教。

汉和帝即位后，窦太后专权，她的哥哥窦宪官居大将军，权力很大，窦家兄弟都被封为文武大官。大臣们看到这种局面，明知是朝廷的祸事，可是敢怒而不敢言，谁也不敢向皇上表奏。唯独丁鸿不畏权势，他对朝廷忠心耿耿，经常在朝廷上仗义执言。一次，他找了一个机会对汉和帝说：

"陛下，毁坏山崖、岩石的水，开始都是涓涓细流；参天蔽日的大树，开始也是刚露绿色的小枝。事物常常是由小而大、由隐而显的。可是人们往往忽略了微小细碎的事情，而让它们发展成祸患。大将军窦宪倚仗太后的势力，包揽朝政，独断专行，盘剥州郡，草菅无辜，连陛下他也不放在眼里，这不是朝廷的隐患吗？陛下如果亲自来整顿朝政，把事故杜绝在刚要发生的时候，在事故萌芽的时候及时采取预防措施，就能消除灾难，保障汉室安定，除害保民，国泰民安……"

汉和帝刘肇听后甚觉有理，便采纳了丁鸿的建议，10天之后就革掉了窦宪的官职，收缴了他的印绶。

这则故事讲的就是成语"防微杜渐"的由来。从中我们可以看到丁鸿之所以名声很大、弟子众多，主要是因为他善于动脑、巧于动脑，他能从事物的细微之处，用发展的、前瞻性的眼光看到事物的未来，小中见大，带有预见性，及时就事物目前的情况提出合理的、正确的处理办法，将大的祸害和事端消化于无形之中。他的这种思考问题的方法，值得我们在生活中、学习中借鉴。譬如在我们身上出现一些坏毛病、坏习惯时，要及时纠正，否则时间一长就会滋生壮大，带有顽固性、劣根性，那时再想改正，就要花很大的力气，下很大的决心，而且会给我们造成很大的危害了。

细节观察法

(一)

有这样一张用闪光灯拍摄的惊心动魄的照片。照片上是一个正在划着火柴的小姑娘,蜡烛旁摆着许多漂亮的圣诞礼物。小姑娘的身后是一个名叫格林的少妇,面对照相机,正从照片中的窗外飞身下落。照片下有这样一段文字说明:"这张惊人的、奇迹般珍贵的照片由摄影家肯尼迪先生于 *8* 月 *24* 日晚上 *9* 时 *30* 分摄于其布鲁克林摄影室。当肯尼迪先生按下此快门时,恰好格林太太从六楼的阳台上摔下来。这幅以她在空中坠落作为背景的惊人之作,被《现代家庭》杂志选为圣诞期刊的封面。据警方公布,格林太太体重仅 *90* 磅,当晚在阳台上收衣服时,因受到那场众所周知的强风暴袭击,失足坠下楼去,当即摔死在人行道上。"

现在,这张被题为"投入死亡"的照片,出现在摄影佳作巡回展上,无数摄影爱好者在参观时被它吸引住了。这惊动了几位文化官员,其中一位手中拿着一条蓝绶带,准备把这代表最高奖项的绶带挂在《投入死亡》的相框上。然而就在这时,有一位不愿透露姓名的先生讥笑说:"你们为什么要给这幅头号伪造的作品以最高奖项呢?"

"什么?这是伪造的作品?"官员惊讶地问。

"是的,毫无疑问。"那位先生说出了他的理由:

"当暴风袭击时,如果窗子开着,小姑娘是不可能划亮火柴的,这表明照片中的窗户是关闭着的。而格林太太从高处坠落下来的情景,在关闭着窗子的室内是不可能拍摄到的,因为照片是在晚间用闪光灯拍摄的，这样拍照时，室内比窗户外亮得多，这时照片上的窗户只能像镜子一样反映室内的景物，而不可能出现格林太太的身影。因此这张照片是伪造的。"

那几位官员听后立刻认同那位先生的判断是正确的，当即取消了给《投入死亡》的最高奖项，甚至摘下照片，扔了出去。

这位无名先生通过仔细观察，发现窗户是关闭的，又从关闭的窗户与晚间拍摄室内外事物时的常理中发现了破绽，从而断定这张照片是伪造的。他使用的动脑方法就是细节观察法。所谓细节观察法，是指在思考问题时注重从事情的细微之处入手，不遗不漏，全面观察，通过细节上的突破来找到解决问题方案的一种动脑方法。

（二）

那么，在使用细节观察法时应该注意哪些问题呢？

第一，要明确仔细的、周密的思考来源于对细节的观察。没有对细节的观察，就没有仔细的思考，就不可能有许多重大的发现。

有一天，伽利略随着人流来到比萨大教堂做礼拜。他认为这种祈祷既单调又无聊，便不时地抬头环顾四周。忽然他注意到悬在屋顶上的吊灯，被风掀动，轻轻地摇摆着。伽利略暗想：吊灯每次摆动的幅度越来越小，摆动的时间不是应该越来越短吗？那时还没有表，他就按照自己的脉搏，一遍遍地测量吊灯摆动的时间。"啊！真奇怪！吊灯每摆动一次的时间完全一样。"他惊奇地叫起来，周围的教徒向他投来责备的目光，他既兴奋又奇怪，便飞快地跑回家，用绳子系着石头进行实验，经过一夜的实验，得出同样的结果：摆动的周期与摆锤的轻重和幅度无关，仅与摆长有关。这就是今天物理学上的"摆的等时性定律"。

比萨大教堂的吊灯不知摆动了多少年，看到的人有成千上万，但为什么只有伽利略从中发现了"摆的等时性定律"呢？主要原因是别人只是观察到风吹着吊灯摆动，而伽利略观察到的不止于此，他还观察到吊灯每次摆动的时间周期与摆动的幅度大小和吊灯臂的长短之间的关系等这些细微之处，从而有了一个成功的发现。这里，伽利略运用的就是细节观察这种动脑方法。

第二，在动脑思考问题时，要注意观察问题的每个细节。不仅要考虑每个事物的正面，还要考虑它们的反面；既要注意思考一件事物的表面，又要注意思考它们的内涵。特别是在得到部分好处和利益时，应该及时想到为此失去了哪些东西。

从前有个富商，由于家大业大，怕有人偷盗，便雇了一名更夫替他巡夜看守。一天晚上，更夫梦见一群匪徒拦路抢劫他主人的财物，醒来后马上把这个不祥之兆告诉了富商。后来，富商出门时改道而行，一路平安到达目的地。而在他原先要通过的道路上，碰巧真的发生了强盗拦路抢劫的事故。更夫知道了十分高兴，便来到主人跟前领赏，富商给了他一笔赏钱，随后又把他解雇了。

这是因为更夫在晚上要巡夜看守，怎么能睡觉做梦呢？这说明他并不忠于职守。虽然这次他碰巧让富商免遭抢劫之灾而保住了小财，下次他贪睡时很可能有强盗会抢去富商更多的财物。富商思考时运用的就是细节观察法。

而这个更夫并没有仔细思考，只注意表面——救了主人，但忽略了内涵——不忠于职守。所以他被主人解雇了。

再来看一个商业上的事件。

华清家电商场坐落在我国北方某大城市的市中心。经理陈某，

42岁。该商场也是这个城市最大的经营家用电器的商场。

　　某年8月4日上午，设在我国南方某特区的一家中外合资的万达贸易公司的两名推销员，来到华清家电商场推销一批家用电器。在他们带来的样品中，有一台香港产的家用B型冷暖风机，引起陈经理的极大兴趣。这种冷暖风机当时在国内市场上还未见踪影，并且它的功能确实不错。按左边的电键，吹出来的是冷风；按右边的电键，吹出来的是热风。因而把它置于卧室之内，在炎热的夏天可以用于降温，在寒冷的冬天则可以用于取暖。当陈经理得知这种冷暖两用风机对方只提出按每台200元人民币的批发价索价时，不禁喜出望外。因为华清家电商场所在的城市地处我国北方，冬季十分寒冷，但夏季的日间气温却与南方城市相差无几，陈经理想购进一批万达贸易公司前来推销的这种功能新、价格廉的冷暖两用风机，以作零售。于是就在当天，双方便签订了一份书面的购销合同。该合同规定：由万达公司向华清商场销售B型冷暖两用风机4 000台，每台单价200元，总价款80万元；交货方式为万达公司在其所在地代办铁路托运；货分两次交付，第一次1 000台，在当年9月底以前交给铁路运输部门托运，付款方式为华清商场每收到一批货便在其后的15天之内通过银行向万达公司汇付这批货款。

　　然而，陈经理当初决定购进这种冷暖两用风机时，主观上就出现了一个重大失误——他根本没有注意到，这种冷暖两用风机的功率为1 000瓦，也就是使用它一小时要消耗1度电。而在华清家用电器商场所在地区，一度电（民用）的价格为0.28元，仅按每天使用18小时计算，每使用它一天便得开支电费5.04元，如此推算，每使用一个月便要开支电费150余元，已逼近了这种风机自身的价格，这对

157

于当地一般居民家庭来说是一笔巨大的开支。正因为如此，当第一批货 1 000 台运来以后，这种 B 型冷暖两用风机在商场的柜台上摆了很长时间居然卖不出一台。许多顾客在得知它的日耗电量之后，其"望洋兴叹"之情都溢于言表。

陈经理之所以会犯这个错误，关键是他太主观臆断了，思考问题时没有仔细观察每个细节，只看到了这种风机功能新、价格低的一面，没有考虑到诸如耗电量、消费者的经济承受能力等。这样动脑就出了大问题，结果导致商品积压、资金短缺的后果。

想象遐思法

（一）

传说有一天，刘邦想试一试韩信的智谋。他拿出一块五寸见方的布帛，对韩信说："给你一天时间，你在这上面尽量画上士兵。你能画多少士兵，我就给你带多少士兵！"站在旁边的萧何想：这块小小的布帛，那能画多少士兵呢？韩信是由他推荐给刘邦的，萧何心里急得暗暗叫苦。没想到韩信毫不迟疑地接过那块布帛就走了。

第二天，韩信按时交上布帛，上面虽然画了一些东西，但一个士兵也没有。刘邦看了大吃一惊，心想韩信的确是一个了不起的人才，于是把兵权交给了他。

你知道韩信是怎么画的吗？

原来，韩信在布帛上面画了一座城楼，城门口战马刚露出头来，一面"帅"旗斜出。虽说整幅画面未见一兵一卒，但千军万马可想而知。

因为根据古代习惯，"帅"字旗后肯定有千军万马。这是韩信巧于动脑、善于想象的思考结果。像这样一种运用想象而进行动脑的方法就叫想象遐思法。这也是一种常用的动脑方法。

古代战争中经常会用到想象遐思法。在战场上交兵取胜固然需要斗智斗勇，而"不战而屈人之兵"式的文斗如军事谈判就完全靠斗智了，斗智自然离不开想象遐思法的运用。

请看下面一则故事。

鲁班心灵手巧，是位能工巧匠，不仅如此，他还是个爱国爱民的英勇斗士呢。春秋时期，各诸侯国之间争战十分频繁。有一年，一个强大的诸侯国打算出兵攻打鲁国。鲁王无计可施，便举国上下择才选能，要找出能保家卫国击退敌兵的能人。

鲁班听说后，便回家做了些准备工作后前来拜见鲁王，并说自己愿意去敌国谈判，说服敌国不来攻打鲁国。鲁王听了鲁班的一番话后，便同意派他前去谈判。

第二天，鲁班不带一兵一卒，书生打扮，单人匹马前往敌国。他到了敌国都城，拜见了敌国的大王。那位大王仗着兵强马壮，根本没把来使放在眼里，盛气凌人地扬言要把鲁国的城池踏平。鲁班心平气和地请那位大王与他坐下来谈谈。

鲁班与那位傲慢的大王面对面地坐在蒲团席上。只见鲁班用树枝在自己面前的地上画了一个方形的圈，并对大王说："这是我们鲁国的都城，大王打算如何攻城呢？"大王看了看，说："你四门紧闭，我就用云梯登城。"鲁班说："我有灰瓶、炮火、滚木、礌石，让你的云梯无法靠近我的城墙。"大王又说："我可以用木车撞开你的城门。"鲁班对道："我在城门前挖了陷阱，大车还没到城门口已经落入陷坑里了。"大王见一计不成又生一计，他说："我要长期围困你的城池，让你里无粮草外无救兵，看你还能坚持多久？"鲁班听了笑道："你长期围困我也不能束手待毙呀！我要让士兵从城里挖地下通道，直通你的营盘，趁你不备，用火箭射你的大营，让你不攻自乱。"……两人就这样你一言我一语地争论了很长时间，大王的进攻策略处处失利，而鲁班的御敌和反攻的方案还是层出不穷。

最后，大王狡黠地笑着说："我还有一个方法一定能取胜，可是我不告诉你是什么方法。"鲁班说："你不说我也知道，你是想在这里把我杀死，让我们鲁国没人指挥兵马保卫城池，是吧？可是，我告诉你，你这一招也不能取胜。在鲁国，我有三百个学生，我的智慧和巧手他们都学到了，你想一想，你能战胜吗？"鲁班的一番话说得大王张口结舌，深知自己遇上了高人，只好放弃了攻打鲁国的念头，还款待了鲁班并亲自送鲁班出城回国。

鲁班不费一兵一卒，只是一场有虚有实、有理有节的舌战，便说服了敌国大王打消了攻打鲁国的念头，从而制止了一场战争。他用自己的聪明智慧解救了鲁国的老百姓，使他们免受了这场战争的痛苦。鲁班用的动脑方法便是想象遐思法。他和敌国大王以地面为战场，各自为主帅，借助想象模拟战争用舌战斗智斗勇，并没有发动两军对阵、厮杀疆场的真的战争，以语退敌，不战而屈人之兵。这应归功于他思维敏捷、想象丰富和善于运用想象遐思的动脑方法。

（二）

那么，在运用想象遐思法时应注意哪些问题呢？

第一，想象必须丰富。如果没有丰富的想象，那么思考时便没有广阔的空间和信手拈来的生活素材，想象遐思法就无法进行。

古时候有个皇帝自己喜欢舞文弄墨，特别是绘画。有一天，他想了个主意来看看宫中哪位画师的绘画水平最高。于是，他召来宫中全部画师说："我给你们出一道题为'深山藏古寺'，限时三天，看谁画得最好。"

能选入宫中当画师的都不是平庸之辈,个个都可称得上丹青高手。这些画师听皇帝这么一听，谁不想在皇帝面前表现表现？众画师各自回去答题，精工细作，匠心独具。三天后，每位画师都按时完成了，各自怀揣着画卷来见皇帝。

这皇帝也是个绘画高手，一边赏画一边评析，其中果然有不少上乘之作。但是最令皇帝高兴的是看到一幅画，画面上找不到一点寺庙的影子，只有一个小和尚担着水顺着山势拾阶而上，走向云雾缭绕的大山深处。皇帝一边看画一边说好，赞美之词不绝于口："佳品哪！佳品！真乃上上乘之作呀！"皇帝龙颜大悦，当即重赏了那位画师。

同一个画题，其他画师虽也精心绘就，但画面有山有水有寺有僧，让人一览无余没有回味的余地。而这位画师作画前善于动脑，想到皇帝出题的关键在那个"藏"字上。于是他就画了这幅藏而不露、意蕴深远的国画，让人看了能展开丰富的想象，产生无限的遐思，果然被皇帝看中了。从此，这位画师一举成名，享誉全国。

下面再来看一个绘画方面的事例：

有一年，竹禅和尚云游北京，被召到宫里去作画。那时宫里画家很多，各有所长。一天，一名宦官向画家们宣布："这里有一张五尺宣纸，慈禧太后要画一幅九尺高的观音菩萨像，谁来接旨？"画家中无一人敢应命，因为五尺纸怎能画九尺高的佛像呢？

这时，竹禅想了想说："我来接！"说完，他磨墨展纸，一挥而就，大家一看，无不惊奇叫绝，心悦诚服。此画到了慈禧手中，慈禧也连连称喜，甚至表示自愿"受法出家"，并叫竹禅和尚当"承保人"呢。据说后来慈禧被称为"老佛爷"，就是由此开始的。

竹禅是怎样画的呢？

竹禅画的观音和大家常画的没有多大差异，只是把观音画成了弯腰在拾净水瓶里的柳枝，如果观音直起腰来则正合九尺。

竹禅的想象是十分丰富的，所以很有说服力。反之，如果他想象不丰富，那么像这样的奇画也就画不出来了。

第二，要注意想象的合理性。如果想象不合理，那么想象便成了妄想。

上海魔术团著名魔术师傅滕龙创作的"神秘剪影"是值得一看的节目。节目是这样的：魔术师请一位观众上台，当场给他剪影，当剪好的黑影头像刚捏在这个观众手里的时候，魔术师迅速揭开放在台上画架上的白纸，一幅和观众手里捏着的一模一样但要大得多的黑影头像立即展示在观众面前。

这个节目不仅常使全场观众哗然，而且连外国魔术师也感到神秘莫测。

那么，头像是从什么地方弄出来的呢？

原来，魔术师在给上台观众剪影前，就早已准备好了几百种分解头部形状的块面。不管观众的面形怎样，总离不了准备好的这些头部块面范围。

当某观众上台时，魔术师就把这位观众的头部各块面的特征编成号码，并巧妙地告诉助手。助手根据这些号码到后台，从自己汇编成册的各种头部形状中找到相应的鼻子、头发、前额、嘴等形状的黑纸片，拼贴在白色的画框上，并趁魔术师在给观众剪影时，悄悄将画框放在台上的画架中。这样，奇迹就出现了。

这个魔术不仅想象丰富，有神秘色彩，而且合情合理，所以特别吸引人。

本质思考法

（一）

所谓本质思考法就是在思考问题时能够透过现象看到本质的一种动脑方法。

（二）

那么，怎样才能掌握好这一种思考方法呢？

第一，遇事要认真想一想，多问几个为什么，养成勤于思考的习惯，不被一些事情的表面现象迷住了眼而失去敏锐的洞察力。

中日甲午战争前夕，日本军国主义对朝鲜加紧侵略和扩张，妄图把朝鲜置于日本的控制之下。但中国清朝政府也不想放弃原来和朝鲜的宗主关系，这样，中日两国关系逐渐紧张起来。当时清朝派遣号称世界第一流的大型战舰"平远"号访问日本。虽然访问中也有一些友好的成分，但很大程度上是对日本进行恫吓。所以当时被邀请参观"平远"号的日本高级官员和军人，都为其雄伟、先进而惊叹不已，认为如果为了朝鲜而同中国开战，那是极大的冒险。且不说中国地大物博，人口众多，单是这些世界一流的战舰，也是当时的日本所无法匹敌的。可是，被人誉为日本海军灵魂的东乡平八郎，在仔细观察了"平远"

号后，发现"平远"号战舰虽称得上世界一流，但从炮管上杂乱地晾晒着的水兵的衣服就能看出清朝海军纪律不严、士气不高，并由此看破了清朝海军的实力。他回去对其他日本军官说："看了清舰'平远'号后，我认为不必害怕清朝海军。他们是'金玉其外，败絮其中'。"在后来的甲午战争中，虽然大清王朝拥有邓世昌等一批英勇善战的舰队官兵，但由于清朝政府的腐败无能，加上为数不少的官兵轻敌，战前不认真备战和临阵脱逃，结果装备比较精良的北洋舰队仍然不能免于全军覆没的命运。

中日甲午战争后，日本夺得了对朝鲜的殖民统治权。为了进而夺取中国的东北三省，同怀有相同动机的沙皇俄国发生了冲突，爆发日俄战争也是迟早的问题了。

当时日本是刚兴起的帝国主义国家，而沙皇俄国是老牌帝国主义强国，日本的海军实力也非俄国人的对手。当时很多日本军官对俄国也惧怕三分，认为一旦失败，那将亡国灭种。但海军司令东乡平八郎并不相信一些数字的比较和表面的现象。他利用八国联军的军舰集结在天津大沽口的机会，暗中观察了俄国舰队。当时有人问他："你认为俄国舰队怎么样？"他说："并不像人们想象的那样可怕。我眺望了俄国舰队，很难说他们的军队纪律严明、训练有素。他们用军舰运送步兵和军需品，更是不可宽恕的。这证明他们轻视军舰的本来职能。用军舰代替运输船使用，必然消耗他们的本职精力，使他们的训练荒疏，这样一旦发生海战，舰只就不能充分发挥战斗力，这是一方面。另一方面，这也暴露了他们的海上运输能力的不足，如果（日俄）发生海战，一定在日本周围海域进行，更对他们不利。由此可见，俄国出兵准备不充分，我们不必害怕俄国。"

后来的日俄战争中，虽然俄国的太平洋舰队和波罗的海舰队的吨位超过了日本舰队的一倍，但最后这两个舰队均被日军全歼了。

东乡平八郎的动脑虽然暴露了日本帝国主义侵略扩张的野心，但就方式而言是成功的。他使用的就是揭示本质法，他没有被清朝海军和俄国海军表面上的强大所左右，而是透过一些现象分析本质，找到了清朝海军和俄国海军的薄弱之处，从而知己知彼以至取胜。

第二，在认真思考的前提下，分析问题，透过现象抓住本质。

一天，文彦博和他的伙伴们来到了一块草地上踢球。这片草地被一圈参天大树所环绕，微风习习，绿草茵茵。孩子们在草地上追逐着皮球，皮球在他们的脚下飞快地流动，一会儿滚到这个人脚下，一会儿又滚向那个人的身边。伙伴们越踢越高兴，他们踢呀踢呀，一个孩子照准皮球飞起一脚，球如同离弦之箭向远处飞去，"咚"的一声掉进草地边的树洞里去了。

几个孩子跑过去掏球。一个小孩儿把胳膊伸进洞去，探着身子使劲掏，说："洞太深了，我的手够不着洞底，怎么办呢？"有一个孩子出主意说："拿木棍拨拉试试。"他拿着一根长长的木棍递给对方伸进洞里，搅和了一会儿，球还是没出来。他们失望地说："这个树洞是弯曲的，木棍又不会拐弯，根本就够不到底。"这时有一个孩子拿着一根铁丝伸到了树洞里面，铁丝随着树洞的弯曲也呈现一些弯度，他突然高兴地喊道："我的铁丝碰到球了。"他使劲地拨拉，因为皮球是圆的，而洞是弯的，皮球在他的拨动下滚来滚去就是掏不出来。几个小伙伴非常懊恼。

这时有人想起文彦博比较聪明，就把在不远处玩耍的文彦博喊过来，并把刚才的情况跟他说了一遍。文彦博听完之后，走到树

165

洞前看了看，把手伸进去试了试，皱着眉头想了想，突然他一拍脑门："有办法了。附近不是有条小河吗？用水桶拎来几桶水往树洞里灌，球准能出来。"小伙伴们很信任他，纷纷找来水桶拎水往树洞里灌。树洞很快被灌满了水，随着水位一点一点往上升，皮球也晃晃悠悠地浮出了树洞。小伙伴们高兴极了，围着文彦博问他："你怎么知道用水灌树洞，球就会出来呢？"文彦博笑着说："洞那么深，还弯曲，手够不着，木棍也不会弯，即使用能弯的东西掏，因为球是圆的，怎么也不可能掏上来。而水是依势而流，它可直、可弯，况且水是有浮力的，皮球那么轻，水一多，球自然就浮上来了。水涨船高就是这个道理。"小伙伴们一听顿时恍然大悟，直夸文彦博是最聪明的人。

文彦博的动脑成功，关键在于他能理解皮球的一个特点——遇水而漂，透过其他小朋友掏球的失败这些表面现象，找到了解决问题（掏出皮球）的实质（让球浮出树洞），结合了水的本质特征，采用了水涨船高的原理用水灌洞，解决了这一难题。应该说，这是一个运用揭示本质法解决问题十分成功的事例。

形象思维法

（一）

春秋时期，晋国曾是黄河一带的霸主，地广人多，兵强马壮，攻无不克，战无不胜。东边跟它相邻的是两个小国家，一个是虞国，一个是虢国。晋国早就想吞并这两个小国，因一直忙着和大国交战，没顾得上吃这两口"窝边草"。

公元 655 年，晋国无战事，便找了个借口要讨伐虢国。无奈晋国和虢国接壤处全是高山，部队行进会遇到很多困难，如果跟虞国借条道绕过去攻打虢国就方便多了。于是，晋君晋献公让人带着一匹千里马和一对名贵的玉璧作为礼物来见虞君，想跟虞国借路。

虞君一是怕惹不起晋国，二是贪财看中了礼物，便满口答应了。大夫宫之奇拦阻他说："不行！不行！虢国和虞国贴得这么近，好像嘴唇跟牙齿的关系。俗话说'唇齿相依，唇亡齿寒'。我们这两个小国家相互帮助才不至于给人家灭了，现在您要借路给晋国，万一虢国被晋国灭了，这就等于消灭了保护牙齿的嘴唇，牙齿就要露出来遭受寒冷，到那时我们的国家就成了没有嘴唇的牙齿，还能长久吗？"虞君一意孤行，答应借路给晋国。宫之奇知道虞国一定灭亡，就偷偷地带着家眷逃到别国去了。

后来，不出宫之奇所料，晋军长驱直入，两天就灭掉了虢国。回师途中又顺手牵羊灭掉了虞国。

这件事例中，宫之奇生动形象地给虞君分析形势，把虢国和虞国的关系形象地比喻成嘴唇和牙齿的关系，指出两国只有互相保护、互相帮助才不至于被晋国灭掉。无奈，糊涂的虞君贪财忘义，结果自然逃不了亡国的命运。宫之奇运用的动脑方法就是形象思维法。

形象思维法就是一种利用某些事物的形象来帮助说理、思考和解决问题的动脑方法。形象思维法由于借助的形象直观、具体，又是人们生活中经常遇见的事物，这使得说理更容易被接受，思考和解决问题更直接、更简单易行。一般地说，形象可以分为自然形象和人为形象。自然形象是指一切客观存在的、未经人类加工改造过的形象，如秋霜冬雪、春风夏雨、黄山奇峰、三峡急流等；人为形象是指经过人的有意识的脑力和体力相结合的劳动创造出来的形象，如农田、战车、图画、人造卫星等。总之，不管是自然形象还是人为形象，只要运用得合理得当，都可以帮助我们动脑思考问题。

东汉末年的一个夏天，曹操带兵去攻打张绣。行军中路过一个没有水源的地方。将士们非常口渴，行军遇到困难。曹操命令队伍停止前进，派人四下找水。可是这里是一片荒原，没有河，也没有井，根本找不到水喝。曹操又命令士兵就地挖井，挖了半天，也见不到一滴水。

曹操心想：不能让千军万马在这无水之地久留，得想个法子让大家振作起精神走出这个荒原才行！他开动脑筋，灵机一动，想出了一个办法。于是他站到高处四下观望，忽然他大声对将士们说："有水啦！有水啦！"将士们一听有水了，都来了精神，赶紧从地上爬起来，抢着问："水在哪儿？水在哪儿？"曹操用手一指前方说："这条道我熟悉，前边不远处有一大片梅林，梅子又多又大，咱们到那儿去吃梅子吧！"听曹操这么一说，将士们马上想起了梅子的酸味，人人嘴里都流出了口水，嘴里有了口水，就不再渴得十分难受了。曹操趁此机会赶紧整顿队伍，继续前进，终于带领大军走出了这片大荒原，赶到了目的地。

曹操就是利用人对梅子这一形象的记忆，巧妙地使用形象思维这一方法的。后人把这件事称为"望梅止渴"。

（二）

那么怎样才能使用好这种方法呢？

第一，在利用形象时应注意确切性。如果不确切就没有说服力。

只有形象十分确切了，才能使人理解和接受它。

有个青年向老师学了一年书法，自以为字写得很好了，于是就辞别老师，不再学习了。

老师没有挽留他，只取过一只小木箱，对徒弟说："这箱中之物，乃是我多年心血的结晶，送给你留作纪念吧。"

那青年谢过老师，背上木箱就走了。

箱子不大，却很沉重。走不到三里路，那青年就累得气喘吁吁了，只得坐在一棵大树下歇脚。他想，说不定里面有什么金银珠宝。于是他就打开箱子想看个究竟。

青年打开一看，惊呆了，惭愧得低下了头。

原来木箱里装的满是旧砚台，每块都被墨研磨穿了，成了一个个大窟窿，由此展示出老师苦练书法基本功的动人景象，使青年从中受到了深刻的教育。

这个老师使用的形象十分确切，所以说服力很强。

第二，在使用这一方法思考时，所利用的东西要形象清晰，不能有任何歧义，叫人一听就懂，否则就达不到目的。

刚捕到的山猴被关进动物园时，恼怒烦躁，吱吱乱叫，无法安静。怎样才能驯服它们呢？英国一家动物园想出了个妙招——让它们看电视。这一招真灵验，笼子里的彩色电视机打开后，随着荧屏上画面的出现，叫闹的"猴先生""猴小姐"顿时安静下来。主人播放了各种内容的电视，发现猴子们最爱看的是战斗性节目。对紧张激烈的足球赛、击剑赛、拳击赛和打斗片看得津津有味，而对平静的新闻纪录片不感兴趣。当看到荧屏上出现清澈河水、茂密森林和果实累累等熟悉的生活画面时，它们全高兴得叫起来。而当荧屏上出现蛇的时候，猴子们又神情严肃，发出"咂咂"声响，仿佛害怕荧屏上的蛇会蹿下来袭击它们。

英国动物园里的研究人员想出的这一办法，确实是别出心裁。他们所利用的动脑方法就是形象思维法，让电视模拟了猴子原本生活的环境，形象贴切自然，使它们仿佛又回到了原先的地方，就不再叫闹了。

步步推导法

（一）

什么是步步推导法呢？它是根据一定的事实并随着事实的逐步出现而一步步地进行推理分析的动脑方法。这是十分有用的方法，在公安、司法人员办案过程中用得较多。

请看下面这个例子：

1924 年夏天，在卢森堡阿登地区，一位郊游爱好者在山间峡谷里发现了一具完整的人体骨骼。卢森堡市的一位警长正巧也在此地郊游。他认为这具骨骼的年代并不像看上去那样古老，于是他获得当地警方的同意，亲自调查起这个案子来。

探长在亲自勘察发现尸骨的那座丘陵的过程中，发现了一个奇怪的洞穴。洞穴的开口几乎是看不见的，洞里有几个用半干的杂草和树枝铺成的垫子。洞内及洞口周围有一些脚印，而且是好几个人的脚印。在洞口边上，他发现了一根顶端扎着一块白布的长杆子，从这里举目远眺，可以鸟瞰整个阿登地区。探长估计，这块白布可能是作为某种信号，用来与什么人进行联系的。

　　调查到此时，上面派来的骨骼专家华莱士到了。他不慌不忙地测量着骨骼的长度，似乎已经胸有成竹。

　　"身高 1.64 米。"他说。

　　"个头不算太高，"探长说道，"可能是个女人。"

　　"当然是个女人，而且不到 30 岁！"

　　"你是从哪儿知道的？"

　　"从骨头的形状和年龄，一眼就能看出来。"

　　"依你看，这具尸骨在山上有多长时间了？"

　　"从骨头的灰白颜色来看，尸体在这儿已有 6 个月了，或许更长一点儿时间。"

　　华莱士先生用手触摸尸骨的脊椎，脊椎发出轻微的断裂声。他说道："嘿！她患有脊椎弯曲症，这大概会影响她的身高。而且骨架附上肉以后，会萎缩一点儿。我校正一下我的初步估算，这个女人大约身高 1.62 米，体重约 50 千克。"

　　"你觉得还缺少什么吗？"探长问道。

　　"要想描绘出她的大致相貌，我必须知道她头发的颜色。按理说，是可以找到头发的。死者头皮变干变硬后，会脱离头骨，然后可能被风吹走了，并很有可能像一具假发套一样，完好无损地挂在某处的荆棘丛中。"

　　"此事由我负责。但对这起凶杀案本身，你有何高见？"

　　"你看，这颅骨上有三处裂口：一处在左太阳穴，一处在额头左侧，一处在头颅左侧。似乎是用榔头之类的工具猛击造成的。伤口很深，说明凶手用了很大的力气。而且，他似乎是个左撇子。"

"是吗？"

"肯定是个左撇子。瞧，从伤口的情况判断，凶手是在死者的身后发动袭击的。如果他习惯使用右手，那么他应该从死者脑后的右侧敲击。这样，他无论如何也打不到死者的左太阳穴上。另外，他一定是在夜晚作的案。若在白天，凶手袭击处不会如此分散。当一个人用榔头作案时，他只会去敲击头部。在这种情况下，凶手会在几乎相同的部位迅速地猛击几下。只有当遇害者倒在地上时，为了置被害者于死地，凶手才会在其身体的其他部位乱击乱打。但本案的凶手没有乱击乱打，他只敲打了三下。现在我几乎可以肯定，凶手是在黑暗中摸索着敲打了三榔头。"

华莱士先生一番简短而缜密的推论，使这位身经百战的探长听得目瞪口呆。

"你能不能给这个女人画一幅肖像？"

"尽力而为吧！但现在，我请你尽快把死者的头发找回来。"

当头发找回来以后，华莱士很快就把死者的肖像复制了出来。

于是探长派人到处张贴复制出来的头像，以弄清死者的身份。不久，山下的疗养院来人说，画上的人是疗养院的爱尔兰女工玛格达。她在7个月前失踪了，不过她的男友还在，于是调查的重点集中在死者的男友身上。通过核对笔迹，证实了他的确是个左撇子，而且他的鞋印与山洞附近留下的脚印完全一致。

真相终于大白了，凶手正是死者的男友。他使玛格达怀了孕，又想抛弃她，于是把她骗到以前经常见面的山洞里，在黑暗中用榔头把她打死了。华莱士怎么能画出死者的肖像，又是怎么知道死者受伤的情况的呢？他正是使用步步推导法来思考的。他一边勘测，一边估算，还根据不断出现的新情况不断地修正前面的推断，步步逼近了答案，终于查清了凶杀案。

（二）

在使用步步推导法时要注意：

第一，要具备一定的有关方面的知识。华莱士正因为具有关于骨骼方面的知识，他才有可能推出符合事实的结论来。

第二，推导时的根据一定要客观真实，且由这个根据一定能推导出某一结论，也就是说根据和结论之间必须具有必然性，推导才能顺理成章。

第三，推导过程中，可能会发现新的情况，先前的推导结论应该随着不断出现的新情况不断调整，重新推导、估算，这样才能保证推导的正确性和可靠性。

经验总结法

（一）

约翰警长是个公务繁忙的警探。他常驱车到弟弟李·布拉特的农场小憩，借以松弛一下紧张的神经。

有一次，弟弟一见到哥哥的面，立即说："约翰，今天我新买的一台电视机给贼偷走了。"

"你是要我替你抓贼吗？"

"哦，不。我已经知道那个贼是谁了。"

"那你为什么不去报案呢？"

"但是我怎么也想不出，他是怎样把那台电视机偷走的。"

哥哥说："你把这件事的经过详细地告诉我。"

弟弟说"昨天，我到城里买了辆新车和一台新的彩色电视机。下午，我把车子开回农场后，就把车子停放在院子里。"

"电视机留在车上吗？"

"是的。我为了要在天黑之前去探望一下邻近的那个正生着病的农场主，一下车就匆匆忙忙地去了。等我从邻居那里回来，只有汽车还在院子里，电视机却不见了。我知道一定是我农场做工的年轻人狄克偷的，他住在离我这里约有两公里的地方。他知道我昨天进城是去买汽车和电视机的，他也看到了我是怎样匆匆忙忙地走着去看望邻居的。但是狄克自己没有车，我新买的那台电视机很重，他一个人是搬不了那么远的。"

"那他有没有用你的新车呢？"

"不可能。我清楚地记得，我从城里回到农场的时候，车子上的计程器显示着我一共走了 46.8 千米。我在发现电视机丢失后，看到车上计程器显示的数字仍然是 46.8 千米。可见，狄克没有使用我的新车。怪了，他一个人怎么把电视机搬走的呢？"

约翰警长听了笑着说："不，他肯定使用了你的新车，只不过采取办法迷惑你而已。狄克一定是倒着开车把电视机偷回家的，因为倒着开车时计程器不显示所走的数字。"

等到把狄克传来，约翰警长一审问，果真如此！

约翰警长没有借助任何测查工具，也没有动用多少警力，只是根据自己多年开车的经验和办案分析能力，很快就推断出狄克作案的过程。他使用的思考问题的方法是经验总结法。经验总结法是一种依靠平时日积月累的经验来思考问题、解决问题的一种动脑方法。它也是日常生活中广为使用的动脑方法，具有简便、易行和经济等特点。

再来看一个例子：

有一次，一位上海旅客去太湖洞庭东山游览。在返回苏州的公共汽车上，发现同座的一位农民所带的竹篓内装有甲鱼，他出于好奇便把头凑在竹篓口上观看。不料，突然一只大甲鱼一抬头张口咬住了他的鼻子，而且死不松口。甲鱼四肢乱抓，甲鱼头还使劲往壳里缩，这位旅客痛得额头上直冒汗，鼻子也出血了，但车上的人没有一个能想出办法为他解脱下来。当汽车开到横泾东站时，只好送这位旅客到镇上医院去处理。

外科大夫见了这位特殊的病人，也无法使甲鱼松口。除非解剖甲鱼，但这样甲鱼会挣扎，会越咬越紧。

后来，还是住院的一位农民想了一个办法，很快就使甲鱼松了口，不再咬住鼻子了。

这位农民想的是什么办法呢？办法很简单，他端起一只盛满水的脸盆，让这位旅客把脸连同甲鱼一起浸入水中。只半分钟后，甲鱼松口了，旅客解脱了出来。

一般人不能解决的问题，经过专门培养的医生也不能解决的问题，却让这位农民一下子就解决了，这是什么道理呢？原来他靠的是经验。他根据经验知道甲鱼不能在水中久留，需要浮出水面呼吸，只要把甲鱼放在水里，甲鱼一旦需要呼吸，就会松口。这位农民就是用了经验总结法思考的。

（二）

那么，怎样才能使用好这一方法呢？

第一，必须时时注意经验积累，哪怕是点滴的经验，这样才能运用经验总结法思考出解决问题的妙法来。

1923 年，美国福特公司的一台大型电机发生了故障。公司请来了本公司所有工程师进行会诊，查了四个多月没有结果，严重影响了公司的生产进度。无可奈何之下，福特公司又从一家小公司请来了一位移居美国的德国科学家斯特曼斯进行会诊。

斯特曼斯在电机旁搭了个帐篷，聚精会神地在帐篷内躺了两天，仔细地倾听电机的声音。然后，他走出帐篷，默默地登上梯子，对电机进行了测量，最后在电机某处画了一条线。他对公司经理说："打开电机，把做记号处的线圈去掉 17 圈，电机就可以正常运转了。"公司经理半信半疑地照此办理了，电机果然恢复了正常，人们对此赞叹不已："神效！神效！斯特曼斯是个奇才！"

福特公司对他佩服之至，给了他一万美元的高额报酬。不仅如此，福特公司总裁更是爱才若渴，想尽一切办法，终于把他招聘到公司中任职。

斯特曼斯有什么本领？除了深厚扎实的专业知识，更主要的是他有着丰富的经验。这种经验绝不是天生的，而是他在平时不断总结、不断积累的结果。

第二，还要善于学习别人的经验，才有可能扩大自身的经验。

在东太湖中的一个小岛上，有一个驯狗有术、带狗叼鳖的老汉，他每日获利 50 多元，是远近闻名的生财有道的新闻人物。

他在太湖边上生活了半个多世纪，对鳖进行长期观察，找到了老鳖"掠滩"的规律。每逢产卵或骄阳如炽时，鳖便爬上岸来。于阴凉处吹风、透气、纳凉。有时为争一块"风水宝地"，众鳖竟簇在一起，甚至叠起罗汉来。太湖边芦苇茂密，沼泽地连绵不绝，给捕鳖者带来极大的不便，更何况，老鳖感觉灵敏，稍有动静，便立即逃之夭夭。

于是，老汉想了一个办法，训练了一只小狗，使小狗成了捕鳖的能手。他训练的方法是选择一只优质小狗，饲养于一个不深的洞中，留有出气洞，小狗进洞后，先不喂食，任其饥饿，每日三次在洞口上风处，薰鳖壳、鳖骨，再以鳖汤拌饭供食。如此反复进行三四次，小狗便对鳖有了强烈的兴趣，一闻到鳖的气味便立即上前。在捕捉过程中，再不断教小狗各种技巧和方法。这样小狗就成了他的得力助手。

那么，老汉的这种训练小狗的方法是他自己创造的吗？不是。原来在他小的时候，他父亲就是一个捕鳖能手。这也就是说，老汉之所以能成为能手，有别人（父亲）的经验在里面。他正是善于吸收别人的经验，又结合了自己多年的捕鳖经验，再加以发挥，才得以成为捕鳖能手的。

幻想训练法

（一）

美国女子田径运动员格里菲思 - 乔伊纳在 1988 年汉城奥运会上锋芒毕露。她的 100 米短跑创造了 10.49 秒的世界纪录，令世界各国女将望尘莫及。

不久之后，格里菲思在日本接受采访，畅谈了她的成功之道。她强调，自己并非一名天生的运动员。她的成功，十分之九靠努力，只有十分之一是靠天赋。她说，在比赛前她总要闭上眼睛祷告。其实，她不单是祷告，而是进行"幻想训练"。

她说："我在自己的脑海中，想象一幕幕赛跑的画面。想象自己跑在最前面，把其他选手远远地抛在后面。"格里菲思成功的秘诀，就是幻想训练法，又叫精神想象法。

幻想训练法是通过想象将对手或问题展现在自己的脑海中并幻想着如何对付它们以及获胜后的情景的一种动脑方法。如当一个运动员在比赛前或在临睡前在脑海中幻想出自己的对手，进而幻想如何与对手进行比赛，这时他（她）运用的就是幻想训练法。

幻想训练法，是20世纪30年代德国精神病学家舒斯特所创立的，也是一种训练大脑右半球和左半球功能协调的方法。它分两个阶段进行。第一阶段是肯定自己的成绩，或想象着自己已经获得了胜利、解决了某个问题，并发出暗示："我一定能取得好成绩！""镇定，镇定！""我准行！""我已经获得了成功！"……注意在发出暗示时不能出声，只是默念，同时要均匀地腹式呼吸，即用腹部来连动呼吸。

第二阶段是在头脑里像放电影一样，进行"幻想"。如怎样和对方进行比赛，战况起伏怎样，胜负得失如何，临场应变如何及观众反应，等等，都在头脑中呈现出来。这实际上是在头脑中进行想象。

譬如，有位名叫王刚的先生临时出差，在出差地点接到了妻子的电话："你大概把家里信箱的钥匙带走了吧？"正如他妻子所说的，王刚因走时匆忙忘了应把信箱钥匙留在家里。他接到电话后立即用快信把钥匙寄了回来，并告诉妻子注意查收邮件。

妻子接到他打回来的电话，说："你这人真是个大笨蛋。"请问，他妻子为什么这样说？

想回答这个问题，你不妨运用电影式的幻想法，闭上眼睛想想王刚寄回的钥匙的命运：信被送到邮局，邮局人员将信分捡，按地区分装进一个大邮袋里，送上了飞机；下了飞机后，信又被送到了王刚家所在地区的邮局，邮递员又将信装进了王刚家的信箱。结果怎么样呢？王刚的妻子没有钥匙，仍然开不了信箱，更为糟糕的是，这下子连钥匙也关进了信箱里，只好把信箱撬开了。所以王刚的妻子要说他是个大笨蛋。王刚如果也会用幻想法来过一遍"电影"，将整个要解决的问题及将要发生的事情的全过程想一想，恐怕他就不会干出这种蠢事了。

幻想训练法在国外用途十分广泛。它不仅被应用于训练运动员，而且还被用来治疗精神紧张或压抑症，甚至在文艺表演中也可以应用这种方法。而有些发明家，为了有效地进行发明创造，也经常使用这种方法。在我国，这种方法还没有得到普及。但其实，这种方法和我国的自我反省法有很大程度上的相似。不过自我反省法以反省和检讨自己的错误为主，反省的内容已经成为过去，而幻想训练法只是以想象为主，想象的内容尚未发生。

这种方法在各行各业中都可以运用。比如一个新教师在思考如何把课教好时，就可以运用这种方法，在前一天晚上临睡前，把明天要上的课在头脑中放电影式地想一遍——教学内容安排是否合理，教学方法的效果会如何，学生的活动有哪些方法，以及可能出现的一些反应，等等，都可以进行想象。

对于学生，这种方法也十分有用。比如有些学生成绩比较差，也可以运用这种方法。首先，树立信心。其次，在头脑中想象如何克服难点等。

（二）

根据格里菲思的观点，在应用幻想训练法的时候，要注意下列三点：

第一，想象中画面的主人翁一定要是自己，是实行者，而不是看人比赛的观众。这就是说，这种方法有很大的排他性，不适合别人，只适合自己。

第二，想象中的画面不可模糊，不可中断。这就是说，这种方法中的想象必须是具体的，而不应是抽象的。一幅幅的画面，应是首尾相连的，清清楚楚的，而且从开头到结束一气呵成，不能中断。

第三，做到第二点以后，就可以清楚地看到一个理想的自己，一个高于自己的"我"。然后，把这个理想的自己，与实际的自我进行比较，找出差距，改掉缺点，最后获得成功。

以上三点，实际上是一个连贯的过程。这个过程可以概括为：我的出现—我的具体想象活动—找出差距—克服缺点获得成功。

这个过程有两点特别重要，一是要有充分的信心，要有克服困难的决心。二是要充分想象。想象要越具体越好，要构成画面。

美国一位喉癌患者，癌瘤几乎阻塞了咽喉，每天只能喝一点果汁，医生断言他只能活一个月了。后来患者遇到一位精神心理学家，建议病人用"想象疗法"试试。于是，他按照精神心理学家的嘱咐，每天静坐在床上，排除杂念，想象自己体内的白血球成了骁勇的战士，一起集中到咽喉处将恶魔一个个杀死。一年之后，癌瘤竟奇迹般地消失了。

所以，在某种情况下，应用和推广幻想训练法是十分有用和有意义的事。

善于发挥法

（一）

从前，有个小商业主，很有经营本领。

有一天，他在大街上捡到一只老鼠，便决定用它做资本。他把老鼠送到一家药店铺，得到一枚钱。他用这枚小钱买了一点糖浆，又用一只水罐盛满一罐水。他看见一群制作花环的花匠从树林里采花回来，便用勺子盛水给花匠们喝，每勺里放一点糖浆。花匠们喝后，每人送给他一束鲜花。他卖掉这些鲜花，第二天又带着糖浆和水罐到花圃里去。花匠们临走时，又送给他一些鲜花。他用这样的方法，不久便积攒了 8 个铜币。

有一天，风雨交加，御花园里满地都是狂风吹落的枯枝败叶，园丁不知道怎么清除它们。小商业主走到那里，对园丁说："如果这些断枝落叶全归我，我可以把它们打扫干净。"园丁同意道："先生，你都拿去吧！"这小商业主走到一群玩耍的孩子中间，分给他们一些糖果，顷刻之间，他们帮他把所有的断枝败叶捡拾一空，堆在御花园门口。这时，皇家陶工为了烧制皇家餐具，正在寻找柴火，看到御花园门口这堆柴火，就从小商业主手里买下运走。这天，小商业主通过卖柴火又得到 16 个铜币和水罐等 5 件餐具。

他现在已经有 24 个铜币了，心中又想出一个主意。他在离城不

181

远的地方，设置了一个水缸，供应 500 个割草工饮水。这些割草工说道："朋友，你待我们太好了，我们能为你做点什么呢？""等我需要的时候，再请你们帮忙吧！"他四处游荡，结识了一个陆路商人和一个水路商人。陆路商人告诉他："明天有个马贩子带 500 匹马进城来。"听了陆路商人的话，他赶忙去对割草工们说："今天请你们每人给我一捆草，而且，在我的草没有卖出去之前，你们不要卖自己的草，行吗？"他们都同意说："行！"随即拿出了 500 捆草，送到他家里。马贩子来后，找遍全城，也找不到饲料，只得出 1 000 铜币买下这个小商业主的 500 捆草喂马。

又过了几天，水路商人告诉他："有条大船进港了。"他立刻又想出了一个主意。他花了 8 个铜币，临时雇了一辆备有侍从的车子，冠冕堂皇地来到港口，以他的指环印作抵押，订下全船的货物，然后在附近搭了个帐篷，坐在里边，吩咐侍从道："当商人们前来求见时，你们要通报三次。"

大约 100 个波罗奈商人听说商船抵达，前来购货，但得到的回答是："没你们的份了，全船货物都包给一个大商人了。"听了这话，商人们纷纷跑到小商业主这里来了。侍从按照事先的吩咐，通报三次，才让商人们进入帐篷。100 个商人每人给他 1 000 元，取得船上货物的分享权，然后又每人给他 1 000 元，取得全部货物的所有权。

由于小商业主巧于经营，在很短的时间内，以一只老鼠为本钱，获得了 20 万元钱，成了远近闻名的富商。

这个小商业主可谓是聪明人。他所用的思考问题的方法叫做善于发挥法。善于发挥什么呢？善于抓住事物中的好的苗头，抓住这个苗头去做事，最大程度地发挥它的优势，很有可能获得比原先预料的更大的成功。这个小商业主就是善于抓住某一事物可能成功的苗头，然后照着去做，一次成功并不停止，并以这次成功为基础，争取获得一次次更大的成功，最后赚了大钱。

海湾战争结束后，现代战争的新技术令全世界震惊。针对国内外的新形势，国内不少兵工厂都在调整自己的产品结构。有家军工企业找到了"点子大王"何阳，要开发一个民用项目，最好能出口创汇。何阳就给他们想了个主意，建议用海湾战争中大出风头的爱国者导弹外形制做一种台灯，既是时髦礼品也是实用品。爱国者导弹大家都没有真正见过，为了满足大家的好奇心，军工厂生产这种民用产品是再好不过的了。试想，百分之一比例缩小的爱国者导弹台灯，上面还插着几支导弹型的圆球笔，摆在家中桌上是多么吸引人啊！结果这项产品在香港礼品博览会上引来了无数的订单，并在"首届专利新技术成果、军转民新产品博览会"上获金奖。有位海外记者开玩笑说，中国在海湾战争中没挣到什么钱，却在海湾战争后的民用品上捞了一把，中国人真有头脑！

何阳的点子确实很妙，妙就妙在他不仅看到了大家对爱国者导弹的好奇心，而且看到了由爱国者导弹发挥而成的导弹型台灯的潜在市场。这种由导弹发挥生产出导弹型台灯的思考问题的方法就是善于发挥法。

（二）

在使用这一方法动脑时要注意：

第一，要有敏锐的眼光，能区别什么东西可以发挥，什么东西不可以发挥。

1981 年，英国王子查尔斯和黛安娜王妃决定在伦敦举行盛大的

183

爱学习爱科学丛书

皇家婚礼。消息传开后，英国各地的厂商老板同时联想到，要借这个机会大捞一笔。

于是，糖果厂在其产品装潢上大动脑筋，王子和王妃的照片成了最热门的图案。纺织印染厂也借题发挥，纷纷在婚礼文化衫上大做文章。这些创意的确给老板们带来了财运，但相比之下，最让人眼红的倒是一家不起眼的光学仪器公司。

皇室婚礼与光学仪器有什么联系呢？光学仪器公司想到皇室婚礼一定规模空前，人山人海，人们相隔太远肯定看不清婚礼场景，潜望镜定会热销无疑。这个借题发挥的想法果然奏效。盛典那天，从白金汉宫到圣保罗大教堂，沿途挤满了整整九层近百万观众。当时站在后几排的人们正在为无法看清盛典场景而焦虑不安时，突然听见背后传来阵阵叫卖声："请用潜望镜观看盛典！"长长的街道旁，冒出数十辆堆放着"王子牌"和"王妃牌"潜望镜的直销小车。漂亮的造型，迫切的心理，再多的潜望镜也会被销售一空的。

第二，如果看准了的、值得发挥的事物，一定要努力去做，不能怕失败，也不能浅尝辄止，应该大力挖掘，发挥出最佳优势。

1880年，一家法国公司承包了建造一条贯穿巴拿马的水道。起初，他们信心十足，但是在挖掘过程中遇到了许多意想不到的困难，钱也花光了，他们不得不放弃了这一工程。

随着国际贸易的日益扩大，美国也急着想建造一条运河横穿美洲大陆，但不是在巴拿马，而是在尼加拉瓜。关于运河地点的问题，国会几经争论，到1902年春，议员们已经准备批准尼加拉瓜工程了。

布诺·瓦列拉是一位年轻的工程师，他认为，如果不继续承建巴拿马运河，将是一大损失。他决心单枪匹马地改变国会的意见。他

184

记得仅在几年前，尼加拉瓜曾发行过一张印有尼加拉瓜莫莫通博火山的邮票，莫莫通博是一座著名的火山，正巧坐落在动议中的运河线附近。据说这是座死火山，但邮政部门为了美化邮票，在设计时火山上画出了一缕缭绕的烟环，形同活火山一样。布诺·瓦列拉匆匆跑遍了华盛顿，设法找到了 90 张这样的邮票。第二天早晨，国会每一位议员的桌上都出现了一个信封，里面有一张邮票和布诺·瓦列拉的附言："尼加拉瓜莫莫通博火山活动的官方见证。"

瓦列拉的举动对具有商业头脑的美国人震动很大，他们改变了主意，决定投票赞成接过尚未过期的法国合同，建造穿越巴拿马的运河。

瓦列拉的胜利，主要是由于他善于找到改变国会决定的突破口，并借以发挥使国会放弃原先的主意。在这一过程中，虽然他看到了建造巴拿马运河的好处，但要只凭借这一点改变国会的主意还是比较困难的，于是他想尽一切办法去克服困难，终于找到了突破口并大加发挥，终于获得了成功。

一分为二法

（一）

有一次，在野外练习卧倒动作，战士顾兰康因接受能力差，掌握不住要领。郭兴福就一遍一遍地给他讲要领，做示范，翻来覆去地教了好几遍，可是顾兰康还是没有学会。有的战士在一旁不耐烦了，向郭兴福建议："对顾兰康应该提出批评！"

郭兴福说"不对，每个革命军人都希望把工作做好，而不愿意做错。你们看，顾兰康虽然没有学会，但他练兵的热情却很高，他没有学会多着急呀！"

在讲解时，郭兴福出乎大家意料地说："今天应该表扬顾兰康。你们看，他虽然没有学会动作，却累得满头大汗，别人休息了他不休息，这种不怕困难的精神，值得大家学习。"

顾兰康本来在等着挨批评，当他听到郭兴福这么一表扬，马上从队里向前跨出一步，激动地说："连长，我保证练好这个动作，等我练好了你再表扬！"接着，他又去练习卧倒动作，经过苦练，终于练好了。

郭兴福思考问题的方法就叫做一分为二法。一分为二就是要求人们看问题，既要看正面，又要看反面；既要看优点，又要看缺点；既要看成绩，又要看差距。一分为二是人们思考问题必须遵守的一条重要法则。

就是对待自己，也必须坚持一分为二的方法，这样才能克服缺点，不断前进，否则就会摔跤。比如有个战士，他对这方面的体会很深，他说："入伍第一年，我感到部队里一切都很新鲜，自己心满意足。因此我工作积极认真，很快掌握了专业技术，并正式参加战勤值班，年终被评为优秀战士。"

他接着说："但是，当时由于我对自己缺乏一分为二的观点，有了进步受到表扬后就自满起来了。认为保持优秀战士没啥难处，自己基础好，在学校里就是三好学生，入伍第一年就评上了优秀战士，今后也不会有问题了。在这种错误思想的指导下，不仅看不到自己的缺点和问题，而且对自己的要求也放松了。当工作质量下降，同志们给我提出批评的时候，我不但不承认自己的缺点，反而认为是同志们吹毛求疵，找我的麻烦。这样，缺点便一天天多起来了，到年终总评时，'优秀'就被评掉了。

"经过总评，我受到了深刻的教育。于是我就给自己立下了一个规矩——自己受一次批评，就鼓一次劲；受一次表扬，就找一次缺点；别人受一次表扬，自己就找一次差距；别人受一次批评，自己就接受一次教训。虚心向先进学习，不断改进自己的工作，这样，在年终时我又被评上了优秀战士。'吃一堑，长一智'。经过一次波折，使我认识到——对自己必须一分为二，只有这样才能有所进步。"

（二）

那么，怎样才能做到一分为二地思考问题呢？

第一，要加强自己的世界观的改造，要去掉头脑中的自私与傲慢。因为自私会妨害人们的视线，傲慢会使自己看不到与别人的差距，不会也不愿一分为二地看问题。

第二，一分为二不是抽象的，要时时刻刻、事事处处地加以应用，并形成一种认识事物的习惯，这样才能获得成功，否则很容易犯错误，或者顾此失彼、得不偿失。

有个国王的果园里种满了樱桃树。到了夏天，各种鸟都飞来了。馋嘴的麻雀吃了几颗樱桃，国王见了很生气，就下令让卫士日夜守护，不准鸟落在树上。有个忠实的大臣向国王进言："鸟是果树的医生，没有了鸟，这些树将来会死掉的。"国王不信，继续让卫士们看护果树。卫士们赶跑了所有的鸟，只有蝴蝶和蛾子在树上飞来飞去。结果，樱桃树上爬满了虫子，树枝被咬出了小洞，风一吹就折断了……当国王想把鸟再放进果园时，果树都已经枯死了。

比较取优法

（一）

传说，尼泊尔王国的国王苏里曼年老时，有一个圣者来见他，送给他一罐活命水，并说："陛下，你若喝了这罐活命水，就能长生不老。"

老国王很聪明，也很小心，想听听各种人的意见。于是，他下令将经过王宫的头三个人带来见他。不一会儿，一个著名的军人、一个富商和一个农民来到他面前。国王便问他们三人同样的问题："请你告诉我，我喝了这活命水会幸福吗？"

军人答道："会的，您可以活一千年，征服整个大地，难道这不是无比的幸福吗？"接着富商也回答说："会的，您要活一千年，每年都增加财富，看到自己的财富不断增加这不是很幸福吗？"轮到农民说时，他担心地对国王说："他们只对您说了为什么会幸福的道理，但没有告诉您不会幸福的道理。试想，您若喝了活命水，获得了永生，而您的妻子、儿女以及朋友们都一个个在您面前死去，您会幸福吗？"最终，国王信服了农民的话，没有喝那罐活命水。

面对一罐活命水，苏里曼国王没有马上决定喝还是不喝，而是先听取了军人、富商和农民的不同意见，既想到了喝下去的好处，又想到了不利的一面，然后做出了选择。他的这种思考问题的方法叫做比较取优法。比较取优法就是遇事善于把正面与反面进行对比，好的和差的进行对比的一种考虑问题的方法。

枣庄市山亭区桑村乡张宝庄曾三次立碑。

第一块石碑，立于清嘉庆十五年（1810年）。碑文写道："民无水火不能生活，水之所关大矣哉！此地缺水，耕田而食不能凿井而饮，一村苦之。公议按亩输钱摊工，就素积水旧坑广而深之，不数月工遂告成。"

工虽告成，水却不多。因此，"公议立规"的第一条，便是"如有私饮牲畜者，罚白银 10 两人官济贫。"

第二块碑立于 1947 年。碑文记录了重修东坑的历史："吾村历来缺水，民众生命皆赖此坑滋养……遂公举徐学坤等为发起人，集资聚工，修理完成，特此勒石，以为后人记。"

一个靠雨季积水蓄水的小小东坑，立下了两块石碑，记下了张宝庄人缺水的艰辛和盼水的急切心情。

中华人民共和国成立以后，国家投资在张宝庄的土地上打井，无奈地下无水，后来修渠引水，又没成功。

1989 年 4 月，由区里拨款 3 万元，乡里给 1 万元，村里拿 1 万元，一个"借地打井"的引水方案又开始实施了！这项工程是在 1.5 千米外的土地上打井，然后将水通过地下管道送到地平面比水井高 45 米的张宝庄。同时，还重修了容水 7600 立方米的东坑。水送来了，满满当当，清澈秀明。盼水治水的张宝庄人，要求村委会再立一块碑，记下共产党的恩情。

事情反映到乡党委，又汇报到区委，区委书记赵政民却不同意。他说，解决山区人民吃水困难是我们应尽的职责。山亭区 1985 年以来，虽然已经解决了 300 多个村庄近 12 万人的吃水问题，但目前还有 2 万多人吃水困难。他强调，要用多为人民办好事的实际行动，把党和人民血肉相连的丰碑，树立在人民心中！

第二年春播开始后，张宝庄人享受到了有水吃、有水浇地的欢乐。

饮水思源，张宝庄人实在难以放下立碑道情的心愿。4月26日，72岁的老农徐广甲在水池边拦住了村主任徐存增，郑重地说："封建社会立碑，中华民国时期立碑，记的都是治水，却没让咱吃上水。只有共产党真正给咱送来了幸福水。这碑，一定得立！"

张宝庄的党支部会议召开了，村委会召开了，一个代表全村人民意愿的决议形成了。一个月后，张宝庄的第三块石碑，在清澈碧绿的水池边建立了起来。碑上写着："清清泉水爬山坡，酷似蜜浆润心窝。帝王老蒋不为众，是党送水给俺喝。"一池三碑，通过比较，人民对共产党的爱戴之情跃然碑上。张宝庄的人们正是运用了对比取优法来动脑，把饮水思源之情表现得恰到好处。

（二）

那么，怎样使用这种动脑方法呢？

（1）要善于选择可供比较的事物，必要时可以听听别人的意见，防止因自身视野的狭窄而不能全面把握事情的是非、好坏、功过等。

（2）在使用这一方法时，要注意必须在同一个标准下进行比较。如果不是用同一个标准，就没有可比性，就不可能得出正确的结论。

金秋十月的一天，上海冠生园食品联合总公司的一位经理同《新民晚报》《新闻报》两位记者来到扬州糖果二厂。没等坐定，他们便捧出质量最差的"扬州糖果二厂牛皮糖"，责问厂领导："你们吃吃看，这种牛皮糖杂质如此之多，人吃了不闹病才怪呢！太坑人了！"

厂长杜大顺立即抓起这些"牛皮糖"，看了看，一眼便认出这是假冒货，上面既没有"绿叶牌"的商标，也没出厂日期，便心平气和地对来人说："同志，别着急，请你们尝尝我们正在生产的标有'绿叶牌'的牛皮糖。"大家尝完以后，个个翘起大拇指连连称赞，脸上露出了笑容。他们说："咱们专程找到贵厂，是来向你们反映情况，弄清这种劣质牛皮糖到底是不是贵厂生产的？谁知两相一对照，便真相大白了，原来上海有一批假冒伪劣牛皮糖在作怪。"

接着，杜厂长笑着对三位客人说："你们的到来对我厂确保产品质量大有好处，你们经销单位和记者对伪劣牛皮糖充斥市场非常气愤，同样也给我厂敲了警钟。"随之，这位经理与该厂签订了 120 吨牛皮糖的销售合同。上海的两位记者返回上海后，不但没有写批评该厂的稿件，还发表了该厂《讲究质量、讲究信誉》的稿件。

扬州糖果二厂的做法之所以能说服人，就在于在同一标准下进行真伪两种牛皮糖的对比，不识货，就货比货。这样，事情自然有了优劣之分，水落石出，真相大白。

逆向正反法

（一）

日本大正十一年（1922 年），丰臣秀吉平定了天下，就命令手下人修筑大阪城。为了把大阪城修成一座固若金汤的城池，需要许多巨石做材料，于是一个名叫大名的人便受命到处寻找巨石。由于每块巨石有 50 张席子（1 张约合 1.62 平方米）大小，所以搬运起来非常困难，再加上大石在濑户内海岛上，必须装船东运。可是，一装船石头就要把船压沉，试了几次都未成功。就在大家无计可施之时，一个人站起来说："看来，用船载石是不可能了，那就用石载船吧！"大家按照他的说法，将大石捆在船底，利用水的浮力，果然顺利地运抵目的地。

本来应该是船装石头的，现在却倒过来变成了石头载船了。像这样一种倒过来思考问题的方法就叫做逆向正反法。这也是一种十分有效的动脑方法。

1984 年 *6* 月 *18* 日，在瑞典首都斯德哥尔摩的一个颁奖典礼上，韩国杰出青年企业家金宁春庄重地接受瑞典国王卡尔·古斯埃夫代表国际商会授予他的一枚"国际商业奖"金质奖章，成为第一位获此殊荣的亚洲商人。

金宁春出身贫寒，父亲早逝，十几岁时被迫卖报为生。当时，金宁春一伙报童的卖报依靠"走得快，好世界"六个字，以脚勤手快挣得微薄的报酬。金宁春跑得比别的报童快，卖报数量比别人多。可是不久他就发现，每次卖报花在找零钱上的时间太多，当停下来给顾客找零时，他就由快变慢，落在其他报童后面了。聪明的金宁春很快想出了一个办法，毫不费力地解决了找零钱花费时间的问题。

每天开始卖报，他总是飞快地跑遍整个地区的每一条街道，以最快的速度把报纸送到顾客手中，然后回头向顾客收取报费。这种办法，比一边卖报一边收费要节省许多时间，也能售出更多的报纸，找零也从容不迫了。虽然，他有时会因找不到买报的人，或因个别刁钻的人赖账而蒙受损失，但采用这种"先送报，后收费"的办法得到的收入，仍然比其他报童要高出许多。不久，他便成了整个地区报童的领头人。

金宁春就是运用了逆向正反法，把从正面难以解决的问题倒一倒、反一反，没想到竟产生了让人意料不到的效果。这也是大脑思维灵活性的体现。

（二）

那么，怎样才能使用好这一方法呢？

第一，要敢于解放思想，敢于打破旧规，才能更好地使用这一方法。

在日本，某百货商店因失窃损失太严重，经理就发动全体成员想对策。大家出了些"增加监视员""设置更多的摄像机"之类的主意，经理对此极不满意。他知道这些办法各处都在用，效果却不佳。

在实在想不到别的好办法的情况下，经理请教了公司外的顾问。这位顾问建议："那么，就雇佣些小偷吧！"经理不由得怀疑自己是否听错了，但他仔细一想，此法不无道理。于是当顾问说完以后，他莞尔一笑，点头称是："确是如此，不妨试试看！"

经理回到公司，对此事一字不提，只是指示职工："有情报说某盗窃集团盯上了我们的商店，请大家多加注意。"

几天以后，有的店员说："昨天我在柜台上捉到两个小偷，我把他们扭送到经理那里了。""什么？你也捉到了。其实，我早就捉到一个。"这消息在商店里传开后，店员都瞪大着眼睛戒备小偷。

这时，被雇的扒手头儿找到了经理，提出："经理，已经干不下去了，店中监视得很厉害，实在不好做手脚，请原谅，偷窃把戏到这里结束吧。"

这个顾问的建议正是运用了逆向正反法。如果不打破旧框框，他无论如何也想不出这个妙法来，毕竟世上哪有雇小偷来提高店员警惕的道理呢？所以，要使用这一方法，必须解放思想，不能受旧框框的约束。

第二，要在出奇上下功夫。只有这样，逆向正反法产生的奇思妙想才能更有说服力。

贾，是突尼斯有名的机智人物。有一次他去见西班牙的国王。由于贾生性高傲，不屈服于权威，见国王时从不鞠躬，国王很生气，就想找一个办法非叫贾鞠躬不可。于是国王就让人在进王宫的大门当中，横钉了一块木板，这样如果贾来见国王，他就非得弯腰低头进去不可，而弯腰低头就是鞠躬。

可是，贾有没有鞠躬呢？没有。他走到王宫面前，见到一块木板横钉在大门当中，他略想了一下，就知道了国王的用意。于是，他转过身来，弯下腰低着头，倒退着进入了王宫，用屁股对着国王，使国王狼狈不堪。真是弄巧成拙，自讨没趣。

贾能想出如此绝妙的办法来，就在于他能逆转思考问题的方向，出奇制胜抓住了对方思考问题的漏洞，奇妙地把事情颠倒一下就产生了令人意想不到、拍案叫绝的效果。

剖析矛盾法

（一）

山东省有一个农村干部，在谈到花生怎样才能生长时，谈了下面的一段话：

花生在顺利成长的过程中有一系列的矛盾，这就要分析与解决这些矛盾。比如花生插种的问题，种晚了生长期短，就要影响增产；种早了地温低，出不全秧苗，也要影响增产，这就是矛盾。认识了这个矛盾，就要分析解决这个矛盾。我们依据花生本身的生长规律，找到了解决这个矛盾的关键，就是抓住适宜的火候抢播。也就是在立夏前后地温稳定在十四五摄氏度的当儿，突击播种，这样就较好地解决了这个矛盾。一个矛盾解决了，又一个矛盾摆在眼前，稀植和密植又有矛盾。种稀了，单棵成长好，结果多，但是总产量上不去；种得太密了，棵与棵之间受影响，也会减产。过去以为肥沃地地力强，能够长起来，可以种得密一些；薄沙地地力差，长不起来，可以种得稀一些。谁知，这样会使矛盾更加尖锐，反而不能增产。因为好地又密植，棵棵都长得旺，就没有透光的地方，结果就给花生的生长造成了困难，势必减产；薄地又稀植，花生单棵可能长得不差，但整体产量肯定会受影响。这个矛盾的解决，就要把花生的单棵与整体的关系处理好，薄沙地要密植到九千墩，肥沃地密植到五六千墩，中等地七千墩左右。这样合理密植，稀与密的矛盾就相对地解决好了。

这个干部对花生的顺利成长的分析，所使用的思考方法就是剖析矛盾法。矛盾普遍存在，没有矛盾就没有世界。所谓剖析矛盾法就是剖析事物间的矛盾、确定主要矛盾重点突破、找出解决这种矛盾的办法来的一种动脑方法。

（二）

那么，剖析矛盾法的运用该注意哪些问题呢？

第一，分析矛盾的类型，确定关键矛盾。

世界上的矛盾无限多，类型也很多。如有客观矛盾与主观矛盾，有内部矛盾和外部矛盾，有主要矛盾和次要矛盾，有单一性矛盾和复杂性矛盾。在解决矛盾的时候，首先要区分不同性质、不同类型的矛盾，因为解决各种矛盾的方法各不相同，如果不首先搞清它的性质和类型，就不可能采取正确、合适的解决矛盾的方法。比如对抗性矛盾和非对抗性矛盾，它们的性质不一样，解决的方法就不可能一样。对抗性矛盾的基本特点是矛盾双方根本对立，不可相容，矛盾发展到一定阶段，必然表现为激烈的冲突，双方斗争的结果是以一方失败而告终；而非对抗性矛盾则完全不同，它们不是根本对立的矛盾，矛盾双方可以互相协商解决。其次解决矛盾前还必须确定谁是主要的、关键的矛盾，以便于腾出精力进行重点突破，这样可以取得有的放矢、事半功倍的效果。

古时候，有一位宰相乘船去江南，船被一座大桥挡住了，船比桥洞高出5厘米。怎么办呢？拆桥令万民痛斥，锯船有失宰相的脸面。宰相急得束手无策。

这时，岸上有个渔童说："我有法子。"宰相请他上了船。渔童说："只要宰相用船把岸上逃荒的老百姓带上一程，船就可以过桥了。"宰相只好依他说的，让那一群百姓上了船。果然，船得以从桥下顺利地驶过了。

宰相之所以想不出最省事的解决问题的办法，是因为他没有抓住船与桥之间的主要矛盾，只看到了船高与桥低这一对表面性的次要矛盾。聪明的渔童通过动脑，发现船不得过桥的主要原因是宰相船上人少吃水浅，若要船过只要请逃荒人上船增加重量让船下沉些，就可以顺利驶过桥去了。这里，渔童正是通过剖析矛盾抓住了桥低与船吃水浅这一对主要矛盾来解决问题的。

第二，对各类不同矛盾中的各种特性，必须具体分析。

毛泽东同志说过："不论研究何种矛盾的特性……都不能带主观性，必须对它们实行具体的分析。离开具体的分析，就不能认识任何矛盾的特性。"不认识任何矛盾的特性，就不能正确地解决任何矛盾。

　　有一个战士在日记中曾经这样写道："有一次，我们班进行战术训练，有几个同志动作不认真，当时我也不加分析，认为都是怕苦，就集合起来批评一顿，并讲了一些大道理。可不仅没有收到好效果，反而引起了一些人的不满，说我不了解情况乱下结论。当晚开班务会时，给我提了很多意见。原来三个动作不认真的同志，情况不一样，只有一个确实怕苦。我才知道自己犯了主观主义的毛病。第二天，我把自己多余的鞋给了那鞋底磨破了的战士；我对那个脚疼的战士不仅没批评，还表扬了他带病坚持训练；我还和那个怕苦的同志谈了话，讲明了战术训练的重要性。结果，大家的动作都很认真了。以后，我就经常注意根据班里的每个同志的不同特点，采取不同的方式和方法帮助教育每一个人，因而不断收到良好的效果，人人心情舒畅，同志们之间也更加团结友爱了。"

　　这一段话具体地说明了具体问题必须具体分析的重要性和必要性。